I0117020

Jb. 51. 3774.

QUESTIONS

A

L'ORDRE DU JOUR.

DE NOTRE RÉGIME POLITIQUE INTÉRIEUR.
D'UN CHAPITRE DE NOTRE LÉGISLATION CRIMINELLE.
DU SYSTÈME DE NOTRE ÉDUCATION PUBLIQUE.
DE L'APPLICATION DE LA PEINE CAPITALE.

.... Facilis descensus Averno :
....
Sed revocare gradum, superasque evadere ad auras,
Hoc opus, hic labor est.

Vyrg., Æneid., lib. VI, v. 126 et seq.

PARIS,

LIBRAIRIE DE FIRMIN DIDOT FRÈRES,
RUE JACOB, N° 56,
ET CHEZ LES MARCHANDS DE NOUVEAUTÉS.

1842.

Imprimerie de Firmin Didot frères, rue Jacob, n° 56.

AVIS

SUR LES DEUX ÉCRITS

DONT SE COMPOSE CE VOLUME.

Deux amis sincères de leur pays ont envisagé, avec non moins de fermeté que de douleur, notre situation morale et politique; familiarisés par leur position, comme par leur âge, avec les grands événements qui, depuis tant d'années, agitent les destinées de ce beau royaume, ils n'ont pas la triste et cruelle prétention d'être les seuls, ou les premiers, à voir les plaies de la patrie: hélas, elles sont présentes à tous les yeux! mais ils ont pensé que non-seulement il serait utile de les signaler, encore une fois, à l'attention du cabinet actuel, mais aussi d'indiquer, avant qu'il soit trop tard, quelques topiques susceptibles de leur être appliqués.

Dans les deux écrits que l'on va parcourir, souvent leur pensée s'est rencontrée. Une telle coïncidence doit leur prêter un surcroît de force, puisque ces rapports proviennent plutôt d'une analogie dans les vues, dans les sentiments et dans les principes, que d'une communication qui ne pouvait avoir lieu.

L'un des deux écrivains s'est surtout attaché à faire ressortir les inconvénients inévitables d'un système constitutionnel faussé dans ses bases, réduit par les rivalités des partis à un état d'impuissance, et qui même, dans certains cas faciles à prévoir, nous conduirait à la violente tyrannie de tous, sauf à nous réfugier plus tard dans celle d'un seul; terme ordinaire des révolutions et presque toujours tombeau des libertés publiques! L'autre a trouvé, dans nos désordres si peu répressibles et dans l'application sans force de nos lois criminelles, l'occasion de remonter aux causes d'une immoralité qui, bien que venant de bas aujourd'hui, rend imminente une subversion sociale.

Ils acceptent tous deux la responsabilité de leurs pages. L'un ou l'autre se présenterait au besoin pour les défendre, si elles devenaient l'objet d'une attaque sérieuse. Ils ne se nomment pas. Il leur suffira d'avoir posé un lampion de plus à côté du précipice; le gouvernement du pays est mis en demeure : pour eux, c'est assez.

DE LA

SITUATION ACTUELLE

ET

DES MOYENS DE L'AMÉLIORER.

Nous allons faire en sorte de constater dans cet écrit la situation de la France. Nous pensons aujourd'hui, comme nous pensions naguère, que cette situation est pleine de périls, et que si nous ne travaillons immédiatement à l'améliorer, elle se terminera par des malheurs, peut-être par la chute du gouvernement représentatif lui-même ; malheur que nous regardons comme le plus grand de tous. Or, nous ne voulons pas, si ce grave événement arrive, qu'on nous accuse de ne l'avoir pas dénoncé au pays en temps utile, ou qu'il puisse être pris dans la suite pour un accident. Il est bon, en tout cas, que ceux qui nous succéderont apprennent des témoins oculaires comment on perd la liberté. Cette connaissance pourra leur servir à la retrouver un jour.

Il faut quelque courage, sans doute, pour envisager de sang-froid le mouvement qui nous entraîne, et pour ne pas se laisser rouler en aveugle dans l'abîme où nous allons nous précipiter ; mais si la

1

conscience d'être utile doit faire surmonter de pro fonds dégoûts, c'est en cette occasion; car quel plus grand service peut-on rendre à l'humanité et à la civilisation, que celui de baliser l'écueil sur lequel un grand peuple est sur le point de faire naufrage?

Oui, nous sommes un grand peuple! Nous possédons une terre féconde en vertus privées, en talents du premier ordre, en courage guerrier plus encore qu'en courage civil, et nous avons, il n'y a pas long-temps, donné au monde un beau spectacle. Ce n'est pas lorsque nous avons promené notre drapeau à travers le continent humilié, que nous l'avons planté dans les capitales de nos ennemis vaincus, et que nous nous sommes glorifiés de voir l'heureux héritier de la révolution traîner des rois à sa suite, comme des courtisans ordinaires, qu'il faut nous considérer : c'est dans le commencement de notre fortune guerrière, lorsque, environnés de l'Europe en armes, nous lui avons fait face de tous côtés, et, de tous côtés, repoussé ses vieilles bandes avec nos bataillons novices ; lorsque aucun sacrifice ne nous coûtait quand il était demandé au nom du bien public ; lorsque l'égoïsme raisonné n'avait point encore souillé nos âmes, et que le dévouement ne passait pas pour une niaiserie ; lorsque enfin nous étions conduits par le saint amour de la patrie et de la liberté! Oui, alors nous étions grands, quoique souvent privés de chaussure et de pain, et nous pouvions nous donner en exemple à toutes les nations de la terre!

On ne peut s'empêcher de gémir quand on songe à ce que promettait ce magnifique début, et qu'on voit à quoi ont abouti tant de nobles sacrifices. On se demande avec effroi si ceux qui prétendent qu'il n'entre dans notre organisation française qu'une faible dose de constance, sont fondés en raison, et si cette vertu doit nous manquer toujours au moment d'atteindre notre but; si, comme le législateur des Hébreux, nous sommes destinés à voir sans cesse la terre promise sans jamais pouvoir y porter nos pas.

Quoi de plus étonnant, en effet, que cette confusion qui se répand toujours dans le pays, dès qu'un ordre régulier est sur le point de s'y établir avec quelque chance de durée? confusion telle que les esprits les plus fermes et les cœurs les plus dévoués ne savent désormais ce qu'ils doivent demander à Dieu. En vérité, il semble qu'il y ait dans cette anomalie quelque chose de providentiel! Comment s'étonner, d'après cela, que des têtes ardentes en soient venues jusqu'à regretter hautement les règnes brillants de Louis XIV et de Napoléon, ou le despotisme sanglant du comité de salut public? extrémités fatales vers lesquelles nous porte tour à tour notre imagination mobile, sans que nous puissions trouver une assiette fixe, et entre lesquelles il est à craindre qu'avant peu il n'y ait plus, chez nous, de place pour une liberté dont la monarchie actuelle est la dernière expression possible.

Lorsqu'on réfléchit à cet état de choses, on est tenté de croire que le roi Louis XVIII nous a mis prématurément à un régime que ne comportait pas notre nature, puisque nous n'avons pu supporter ce régime au delà d'une courte période, et que nous l'avons altéré au moment où il allait nous devenir profitable.

A peine, en effet, avions-nous renversé le pouvoir qui avait porté la main à l'arche sainte, et donné le fatal exemple de la violation des lois, que, par une inconséquence qui ne nous est que trop ordinaire, nous n'avons pas tardé à altérer nous-mêmes le contrat fondamental pour lequel nous venions de combattre et de vaincre. Nous avons follement mutilé un des trois pouvoirs de l'État, sans prendre garde que nous réduisions ce pouvoir à l'impuissance, et que nous préparions, par conséquent, la ruine de l'équilibre constitutionnel : mesure désastreuse, qu'une prudence peut-être excessive a jetée en holocauste à l'impatience des masses, comme si un sacrifice aussi énorme pouvait seul suffire à leurs dévorants appétits !

Cette impatience, que nous avons éprouvée en 1830, et que nous expions aujourd'hui par une impatience plus grande, nous a toujours dominés plus ou moins ; elle est désormais passée à l'état chronique, et ses effets ne tarderont pas à se manifester de nouveau si on n'y prend garde. N'est-ce pas déjà merveille de voir comme nous nous précipitons vers cet avenir inconnu que l'état des esprits nous prépare, et comment nous voulons toujours marcher en avant, sans nous inquiéter si nous courons ou non vers des abîmes ?

Il est vrai que nos meneurs politiques semblent hésiter à l'aspect de cette nuit profonde qui cache les événements futurs ; pressés par le flot qui les suit, ils vont parce qu'ils ne peuvent s'empêcher

d'aller ; mais aucun de ceux qui ont quelque valeur
ne s'élance franchement dans une route détermi-
née. Il faut confesser aussi qu'à chaque instant,
détrompés sur les hommes et sur les choses par
des mécomptes désolants, ils ne savent plus guère
où ils en sont, et que, trouvant partout le tuf
lorsqu'ils sondent le terrain, ils commencent à dé-
sespérer de leurs théories les mieux arrêtées. De là
leurs hésitations perpétuelles et leur triste versatilité.
Les malheureux en sont réduits à n'avoir plus foi
en eux-mêmes, ce qui est le signe le plus certain de
la décadence des partis.

Et cependant les partis sont la nation dans un
pays constitutionnel. Ils y ont une existence non-
seulement légale, mais nécessaire, et l'on doit, quand
on se mêle de les conduire, éviter sur toute chose
de les déconsidérer par des tergiversations ; car la
constance dans les vues étant une des premières
vertus politiques, aucun chef politique ne peut en
manquer sans faire le plus grand tort à ceux qui
marchent sous ses ordres, et sans préparer, par
suite, l'anéantissement du pacte social. Quand les
partis sont compactes, qu'ils sont disciplinés, bien
conduits, et que leur drapeau est franchement ar-
boré, ils sont respectables ; ils aident au gouvernement, loin de lui nuire, et le sauvent quelquefois
de ses propres aberrations. Mais si les chefs, mé-
connaissant leur noble rôle, se laissent aller à de
petites passions ou à une ambition personnelle en
dehors de leur parti, s'ils descendent à des ma-
nœuvres peu dignes de leur situation élevée, et si,
par une honteuse fourberie, ils proclament un but

tandis qu'ils en poursuivent évidemment un autre, alors les partis se ruinent, l'esprit public tombe, et la confusion s'établit. Or, chacun sait qu'il n'y a plus qu'un remède pour sauver le pays quand on en est là, et que ce remède est incompatible avec la liberté.

Il semble qu'on oublie ces vérités maintenant, d'après le peu de soin que nos hommes politiques mettent à se conserver *tout entiers*. On n'a pas mémoire d'un défaut d'aplomb tel que le leur, ni d'une si grande facilité dans les revirements ; c'était hier encore à faire tourner la tête ; ils jouent cartes sur table néanmoins : aussi jugez comme le pays est édifié, et de l'effet que font sur lui les palinodies dont on le régale de temps à autre ! Croyez-vous, par exemple, que cette distribution des portefeuilles et des grands emplois qu'on faisait naguère chaque matin sous ses yeux, sans aucun scrupule, et comme s'il s'agissait d'une succession ouverte au profit de certains noms propres, n'ait pas quelque chose qui lui répugne, et pensez-vous qu'il ne soit pas scandalisé de voir se succéder les uns aux autres, pendant des mois entiers, de si pitoyables arrangements !

Si vous le pensez, détrompez-vous ! sachez que le pays est non-seulement scandalisé, mais qu'il est de plus *humilié* de l'insignifiance notoire de presque tous ceux qu'il avait jusqu'à présent honorés de sa confiance. Témoin de leurs inutiles efforts pour produire une combinaison quelconque, il reconnaît avec douleur qu'ils ne peuvent parvenir à s'entendre. En vain ils chercheraient à rejeter sur les pouvoirs momentanément annulés le sort qu'ont éprouvé si longtemps leurs infructueuses tentatives, le pays ne prendra point le change ; car il voit clairement qu'eux seuls étaient debout, qu'ils disposaient ou devaient disposer de tout, et que s'ils n'ont pas produit, *c'est qu'ils étaient impuissants pour produire*. On aura beau étendre un voile éclatant sur cette infirmité flagrante, au moyen des artifices du langage, et prononcer des oraisons dignes de Cicéron ou de Démosthène, le pays les rappellera impitoyablement au fait, et répondra, en dernière analyse, à leurs déclamations éloquentes, par une vieille parabole plus éloquente mille fois que leurs phrases : il n'aura qu'à prononcer un seul nom, et ce sera celui de Babel !

Voilà pourtant où nous en étions naguère ! Et qu'on ne prétende pas que nous chargeons le tableau, ou que nous présentons les choses sous un faux jour, car nous en appellerions sur-le-champ à la conscience publique pour dire où était le pouvoir et plutôt ce qu'il allait devenir dans ces dernières années. Nous demanderions enfin qu'on nous expliquât ce qu'on entend par ces mots d'omnipotence parlementaire, et si, aux yeux de tous, ils ne signifient pas la prépondérance d'une des trois branches du pouvoir sur les deux autres.

Ne nous abusons point là-dessus : dès qu'on a mis en avant ce terme nouveau, c'était pour représenter une situation nouvelle, et on ne peut avoir eu d'autre intention. Or, cette situation nouvelle n'est autre chose que le complément de la mutilation de 1830. Après *les pairs*, on devait s'en prendre *au roi*. Cette marche est logique et n'a rien qui doive étonner. Dès que le trépied politique n'a plus reposé que sur deux de ses appuis, il était facile de prévoir que c'en serait fait avant peu de l'équilibre constitutionnel, et qu'au premier choc un peu vif, la machine gouvernementale cesserait de fonctionner. C'est ce qui arrive maintenant à notre grand préjudice, et sans qu'on ait le droit d'accuser qui que ce soit d'un malheur auquel nous avons été conduits, pour ainsi dire, virtuellement. On dira peut-être que la nation s'arrange assez bien de cette prétendue désorganisation du mécanisme politique, parce que cette nation souffre en silence et attend qu'on veuille bien en finir; mais, en attendant, tout périclite. Les mauvaises passions, jusqu'à présent contenues, s'applaudissent de voir les embarras du gouvernement; elles bouillonnent et menacent les digues que la société leur oppose, elles éclatent enfin, et de temps à autre versent sur le pavé des rues le sang des citoyens, sans aucun scrupule. Il ne faut pas croire qu'un sentiment généreux se mêle à ces démonstrations furieuses. On se bat pour de l'or, et rien de plus. Si l'on monte à l'assaut du pouvoir, c'est parce qu'on le croit sans vigueur; ce n'est nullement pour faire triompher un principe, mais pour gagner de l'or ou des places qui donnent de l'or. Nous retombons aux jours de Catilina, car, quoi qu'on dise, le temps des Spartacus est passé, et ce serait pure plaisanterie, en France, que d'y parler aujourd'hui d'esclavage! Nul n'y est esclave que qui veut l'être, et de qui encore?

Il est urgent d'aviser et de pourvoir, le plus promptement que faire se pourra, à l'équilibre constitutionnel, si nous voulons échapper à une dissolution sociale; cherchons-en les moyens, et pour cela examinons le pays.

Si l'on considère la France à sa surface et uniquement sous le rapport matériel, on ne voit pas de raison pour s'inquiéter de son avenir, car elle paraît en voie de prospérité sur tous les points : il est certain, par exemple, que son peuple est mieux nourri, mieux vêtu et mieux logé qu'avant la révolution. Or, c'est là un bien positif dont on ne peut contester l'existence, puisque chacun en jouit plus ou moins ; mais cet heureux état du pays n'a pas été obtenu sans compensations, si l'on en croit les moralistes ; et il leur arrive de se demander avec effroi si notre nation n'a pas plus perdu que gagné en vertu proprement dite, et, par conséquent, en force réelle, depuis 1789.

Sans discuter cette question chagrine, ni chercher à la résoudre en aucune façon, nous remarquerons qu'il est au moins singulier qu'elle puisse être posée à la face d'un pays qui a récemment exécuté de si grandes choses, qui, en paix depuis bon nombre d'années, jouit des institutions libérales, et chez lequel l'industrie a dès longtemps couvert d'un riche manteau les cicatrices de la guerre. Nous eussions souhaité que ce pays fût en mesure de terrasser les critiques par la simple invitation d'ouvrir les yeux ! Mais nous reconnaissons avec douleur qu'il ne peut faire une réponse aussi fière, et que le spectacle qu'il offre en ce moment n'est pas de nature à fermer la bouche aux détracteurs de l'époque actuelle.

Que voyons-nous, en effet, si nous regardons autour de nous avec quelque attention ? Une masse imposante à la vérité, *mole sua*, mais que le moindre choc peut partager jusqu'à l'individualité, à cause de son défaut de cohésion. Comment fonder sur un sol pareil, quand la restauration et Napoléon lui-même ont échoué dans cette patriotique entreprise ? Ne nous y trompons pas ; la difficulté est radicale, en ce qu'elle provient de la mobilité du sol, et ce ne sera pas trop de tout ce qui reste de force et de sagesse dans le pays pour le consolider.

Il ne sera peut-être pas inutile de rechercher comment nous sommes arrivés à cet état d'*inconsistance* ; qu'on nous permette d'exposer brièvement nos idées à ce sujet.

La réforme d'abord, et, plus tard, les doctrines prêchées par les philosophes du XVIIIe siècle, peuvent avoir eu de bons effets, et ce ne sont pas ces grands mouvements de la pensée que nous entendons mettre en cause ; mais nous ne pouvons nous empêcher de reconnaître qu'il est résulté de ce qu'on a appelé avec tant d'emphase *la diffusion des lumières*, un mal immense, et que les doctrines dont il s'agit ont imprimé aux esprits une direction funeste par rapport aux sentiments de sociabilité et de nationalité. Tant qu'elles n'ont été répandues que dans la haute classe ou même dans la classe moyenne, on n'a pas été frappé de leur influence pernicieuse ; mais depuis qu'elles se sont infiltrées jusque dans la dernière couche sociale et qu'elles ont commencé à porter leurs fruits, elles font peur ! En effet, la disparition de la foi reli-

gieuse qu'elles ont détruite ayant amené la chute
de toute espèce de foi (car les croyances se tien-
nent), il est clair qu'il ne pouvait plus y avoir de cohésion dans le pays. Point de foi, point d'association,
même entre les bandits. Comment des esprits élevés qui se mêlaient de régenter leur patrie ont-ils pu
mettre en oubli cette vieille maxime : Heureux ceux
qui croient? Et comment ont-ils méprisé les ensei-
gnements de l'histoire qui nous montre que le scep-
ticisme est un principe de dissolution pour les
États? C'est ce que nous n'avons pas charge d'exa-
miner ; nous constatons seulement le fait, à savoir,
que nous sommes devenus une *nation sceptique*,
parce que ce fait rend parfaitement raison des
frayeurs instinctives que nous éprouvons presque
toujours à la moindre émotion populaire, comme
s'il suffisait de quelques turbulents pour renverser,
d'un moment à l'autre, non-seulement les institutions du pays, mais encore son ordre social tout
entier.

On ne peut nier ce malaise qui nous travaille,
et malheureusement il n'est au pouvoir de personne de lui trouver un remède immédiat. Mais proclamer son existence est déjà un bien; c'est d'ailleurs un *progrès*, comme on dit à présent, pour nous
conformer à la funeste habitude qu'on a prise, depuis longtemps, de tromper le pays quand on lui
parle de sa situation. Revenons au vrai ; nous avons,
plus que jamais, besoin de sincérité, car à quoi
nous servirait de dissimuler nos plaies, si ce n'est
à les rendre incurables ?

On demandera peut-être comment nous pouvons

marcher encore d'une façon régulière, et pourquoi tout n'est pas en combustion dans le pays, puisque nous prétendons que les liens sociaux sont relâchés? A cela nous répondrons:

Que le vaisseau marche encore quelque temps, bien que le vent ait cessé d'enfler ses voiles, et que c'est ce qui nous arrive. La bonhomie du caractère national est aussi pour beaucoup dans le calme momentané dont nous jouissons avec trop de sécurité. En appréciant le fond de ce caractère et en faisant la part de l'altération qu'il a subie depuis la révolution, on est conduit à cette conclusion consolante: « Que notre nation se sauve sou- « vent par ses défauts mêmes, dans les crises « politiques, et que, plus qu'aucune autre, elle a « le droit de compter sur *l'imprévu.* » Pourtant il ne serait pas sage de se croiser les bras, ni d'espérer que la Providence nous tirera de l'impasse dans laquelle nous nous sommes engagés, ni de se conduire enfin comme ces politiques à l'esprit paresseux qui, pour ne pas se donner la peine de chercher, mettent constamment fin aux observations qu'on leur adresse sur l'embarras de la situation, par ces mots: Dieu protége la France!

Maintenant, posons en principe:

Que le premier besoin d'un peuple étant d'être maître chez lui et de n'obéir qu'aux lois qu'il s'est données, il est évident que l'indépendance nationale passe avant tout. Vient ensuite la liberté, don précieux du ciel, sans lequel les peuples ne sont que des troupeaux plus ou moins bien conduits, selon qu'ils ont un bon ou un mauvais pasteur.

L'égalité ne passe qu'après ces deux grandes conditions du bonheur social. Telle est la gradation naturelle. Malheureusement nous avons interverti cette gradation en France, et de là notre mauvaise allure. Nous regardons sans doute encore l'indépendance nationale comme le premier des biens; mais ceci accordé, quoique tout le monde n'en convienne pas, nous ne pensons plus guère à la liberté, tandis que nous nous montrons de plus en plus jaloux d'une égalité absolue. C'est ce qui fait que nous nous sommes accommodés si facilement du despotisme, à diverses époques de notre histoire, la vanité individuelle, qui est notre péché originel, trouvant son compte à ce genre de gouvernement, parce qu'il implique l'égalité.

On nous rappellera peut-être, en forme de réfutation péremptoire, le million de Français morts pour la liberté; et l'on nous demandera si un tel sacrifice eût été possible chez une nation qui n'eût pas apprécié, comme il doit l'être, ce présent divin? A cette objection nous répondrons:

Que ceux qui conduisaient, en prêchant d'exemple, les hommes dont il s'agit, ne ressemblaient point aux hommes instruits de nos jours, parce que leur éducation n'avait pas été la même, et nous allons établir la différence.

La jeunesse éclairée que la révolution trouva sous sa main, quand il fut question de défendre le sol contre l'invasion étrangère, était une jeunesse vigoureuse et en général très-pure. Les vieilles mœurs, soigneusement conservées dans les provinces, n'étaient point encore altérées par le

contact de la capitale et par le mouvement perpé-
tuel qui s'est constamment accéléré depuis cette
époque. Voyager d'un point de la France à un autre, était alors une affaire que peu de gens entre-
prenaient. L'éducation se terminait ordinairement
sur place. Elle finissait plus tard qu'aujourd'hui,
et il n'était pas rare de voir dans les basses classes
des garçons de 19 à 20 ans avec des formes athlé-
tiques et une naïveté d'enfant. La religion avait
encore tout son empire; elle tomba plus tard, il est
vrai, avec les autres institutions du pays; mais
l'action qu'elle avait exercée sur les âmes ne fut pas
perdue pour cela, et tourna, comme cela devait
être, au profit de la liberté. La jeunesse ne fit
que changer d'enthousiasme.

Il est assez difficile de se figurer, aujourd'hui
que les idées positives ont prévalu dans le pays,
ce qu'étaient réellement les écoliers de ce temps
de miracles. Hardis, gais, pleins d'insouciance autant
que de bravoure, et encore sous le charme de la
fraternité du collége, ils partaient en masse pour
la frontière et se disputaient à qui ne prendrait
point de grade. Si quelque vanité du jeune âge se
mêlait à tant d'abnégation, c'était celle d'être gre-
nadier on canonnier : l'ambition de ces âmes gé-
néreuses n'allait pas au delà d'une épaulette de
laine ! Il y avait alors, dans les rangs, plus d'un la
Tour d'Auvergne : cherchez-en aujourd'hui !

Les temps sont changés ; la jeunesse actuelle (et
nous entendons par là la jeunesse instruite), ayant
puisé sa nourriture morale à d'autres sources que
ses devanciers, est devenue sophistique et rai-

sonneuse. Elle aime la liberté, sans doute, mais
elle ne l'aime qu'après l'égalité, quoique le désir
des distinctions sociales soit poussé chez elle au
delà de tout ce qu'on a vu jusqu'à présent. Prête à
mourir pour défendre le pays, n'est-il pas à craindre
qu'elle ne soit pas aussi prête à *souffrir* pour lui,
et qu'une suite de campagnes, sans aucune perspective d'avancement prochain, ne lui semblât
dure? Ne pas manquer à son devoir au jour du
combat, briller au milieu du fracas de la bataille
et de l'enivrement de la poudre, se précipiter même
au fort du danger, sous les yeux de ses camarades,
tout cela n'est pas difficile pour des Français; mais
se résigner à se tenir ferme, sans mot dire, dans
la profondeur d'une colonne, ou à mourir sur la
paille d'un hôpital, sans aucun espoir d'*être mis
sur la gazette*, et en remerciant Dieu de ce que
l'armée a bien mérité de la patrie, voilà ce qui est
noble et grand!

Qu'on songe à la générosité des sentiments que
cette simple formule par laquelle on récompen-
sait, dans nos beaux jours, une armée entière,
suppose dans le cœur des guerriers! et qu'on
essaye, si l'on peut, de lever les yeux à cette hauteur!

Heureusement que la jeunesse française n'en
est pas réduite à tout soumettre au calcul, et que
son instinct généreux prévaut encore; mais les
bons comme les mauvais exemples venant de
haut, il importe de signaler le danger de cette direction toute matérielle donnée à la partie intelligente des défenseurs du sol, avant que l'égoïsme

auquel elle conduit ait gagné la masse entière.

Nous pensons donc que la première réforme à faire est celle de l'éducation ; nous sentons bien qu'une telle entreprise est hérissée de difficultés, au nombre desquelles nous plaçons, sans hésiter, la plus grande de toutes, celle de convenir qu'on s'est trompé; mais pourtant il faut s'occuper sérieusement de les vaincre, si nous aspirons à rester un peuple libre ; et il n'y a pas de temps à perdre.

En envisageant la situation, il est impossible qu'un ami sincère du pays ne soit pas frappé et en même temps affligé de voir que la presque totalité des enfants qui reçoivent une éducation complète se destine à vivre du budget; que le reste se tourne avec ardeur vers les carrières considérées comme libérales, ce qui fait que ces carrières sont dès longtemps obstruées, et qu'enfin une portion, beaucoup trop grande, se livre à l'étude des beaux-arts, de préférence à celle des arts utiles. Voilà un désordre notable, et, s'il continue, il amènera nécessairement des résultats désastreux.

Il est indispensable de régler l'éducation dans un grand intérêt public, la chose est hors de doute, mais reste à savoir comment. Essayons de poser quelques jalons.

Le goût des belles-lettres, qu'on inspire de bonne heure aux enfants, et les succès de collége qui en sont la suite, ont, si l'on veut, de bons effets; mais, d'un autre côté, ce genre d'étude trompe si souvent l'espoir des familles, qu'il est nécessaire de se mettre en garde contre sa trop grande extension. Il y a aussi à se défier de cette espèce d'*at-trape-qui-peut* qui est généralement établi parmi la jeunesse, car cette règle funeste, plus tard appliquée à la vie civile, peut produire une génération d'*intrigants*. Qu'on nous permette de citer ici quelques observations peu connues sur ce grave sujet de l'éducation.

La concurrence illimitée qu'on a excitée, et qu'on excite tous les jours, en croyant arriver ainsi à des choix meilleurs pour le service de l'État, a eu son bon côté. Elle a fait monter rapidement aux premières places des hommes capables, sinon les plus capables, et elle a déchargé le gouvernement d'une responsabilité qu'il aurait encourue, pour les emplois les plus minimes comme pour les emplois élevés, sans ce bouclier des examens. Mais la garantie de capacité obtenue par les concours a été payée, dans le temps, à très-haut prix; et l'on pourrait aujourd'hui l'avoir à meilleur marché, en ne se bornant pas à imposer des conditions de talent aux aspirants de toute espèce. On éviterait ainsi le plus grave inconvénient de la concurrence, celui de faire tomber à la charge du pays les concurrents qui n'ont pas réussi, lorsqu'ils n'ont point de patrimoine, ce qui est le cas le plus général. On sait bien que le pays ne leur doit rien, légalement parlant, qu'ils ne peuvent rien exiger de lui en bonne justice, et que le soin leur reste de pourvoir à leur subsistance; mais qui n'est que juste est dur, et c'est un reproche que tout gouvernement doit avoir à cœur d'éviter; d'ailleurs, c'est aux gouvernements à prévoir; ils ne doivent pas, pour

satisfaire aux idées erronées d'une époque, sa-
crifier les intérêts généraux d'un peuple et le di-
riger selon ses caprices plutôt que selon leurs
lumières. Que répondront, par exemple, nos pères
conscrits à cette jeunesse qu'ils laissent engager
sciemment dans des carrières évidemment en-
combrées, lorsque, ne trouvant point d'issue, elle
leur reprochera d'avoir compromis leur avenir ?
« A peine étais-je née (dira-t-elle), que vous m'avez
« environnée de séductions, et entraînée vers les
« hautes connaissances par toutes sortes de moyens.
« Non contents de m'exciter par l'émulation si
« puissante dans le premier âge, vous avez courbé
« les branches de l'arbre de la science jusqu'à terre,
« pour que ses fruits fussent à ma portée ; en pla-
« çant sur mes pas des professeurs de toute espèce,
« dont l'assistance *gratuite* m'était assurée, vous
« m'avez initiée à une vie intellectuelle que vous
« voudriez aujourd'hui me faire abandonner, parce
« que je vous embarrasse ; mais je ne puis chan-
« ger à ce point, et retomber ainsi du ciel en terre
« pour seconder vos projets. Il faut, avant tout,
« que je vive comme vous m'avez appris à vivre, et,
« dès lors, ne vous étonnez pas si je cherche à
« produire de nouvelles combinaisons sociales
« dans lesquelles je puisse trouver une place qu'il
« n'est plus temps de me refuser. »

Qu'on juge par ces paroles, s'il est à propos de
borner la superfétation des avocats sans cause et
des médecins sans malade, ainsi que celle des lit-
térateurs médiocres et de ces nuées d'adeptes des
arts libéraux que nos écoles fournissent chaque

année avec une activité de plus en plus grande !
Certes, il ne faut pas être doué d'une perspicacité
bien subtile pour voir où nous conduit l'incessante
multiplication d'éléments si dangereux.

Il est temps *d'aviser*, sans doute, et c'est une
nécessité reconnue ; mais nul n'ose attacher le gre-
lot et dire son fait à la vanité nationale. Il semble
que les champions les plus honorables de la liberté
et de l'indépendance du pays reculent devant cette
tâche que la probité leur impose et dont ils ne peuvent s'affranchir qu'en résistant au cri de leur
conscience politique. Il est dur, sans doute, d'être
obligé de déclarer à la face de la nation que l'élan
qu'on s'est jusqu'à présent efforcé de favoriser, doit
être contenu ; que les premiers besoins de tous
étant l'ordre et la tranquillité, il n'est pas permis
de compromettre ces éléments précieux du bonheur public, en jetant sans cesse au milieu de la
société des inutilités prétentieuses ; mais enfin il
faut s'y résoudre, et il n'y a pas une minute à perdre pour cela.

Mais comment s'y prendre, dira-t-on, pour éche-
lonner les concurrents d'une manière également
juste et utile pour eux et pour le pays ? Comment
s'y prendre ? Rien de plus simple.

Du moment qu'il est reconnu que la concurrence est trop grande, qui empêche de la diminuer
en se rendant plus difficile sur les conditions du
concours ? Le pays n'est-il pas fondé à dire à tout
ce qui aspire à des professions libérales :

« Vous êtes en droit de vous livrer aux études
« nécessaires pour parvenir au but que vous vous

« proposez ; mais je suis en droit aussi moi de ne
« vous laisser entrer dans cette voie qu'autant que je
« serai certain que vous ne tomberez pas à ma
« charge, en cas que vous ne puissiez vivre des ta-
« lents que vous prétendez acquérir. Or pour cela,
« il me faut une garantie effective, soit en deniers
« comptants, soit en immeubles, et j'entends que
« vous me la fournissiez, avant de vous élever d'un
« seul degré au-dessus de l'enseignement primaire.

« Qu'êtes-vous, en effet, pour moi, auprès de
« ces milliers d'autres citoyens qui bêchent et la-
« bourent, qui assouplissent les métaux ou taillent
« les pierres, qui vivent enfin de leurs bras comme
« vous entendez vivre de votre tête ? Vous n'êtes
« pas la millième partie de cette immense majorité,
« et vous voulez que je l'expose à vous nourrir
« gratuitement de son labeur, si vous manquez
« votre vocation ! Cela ne doit pas être : travaillez
« comme elle, puisque vous aspirez à vous élever
« au-dessus d'elle, et, quand vous aurez, à force
« de patience, de courage et de bonne conduite,
« amassé assez de biens pour donner à la commu-
« nauté la certitude que vous pourrez, en cas d'in-
« succès, exister par vous-même, alors venez à
« moi ; alors je vous accueillerai et je ne vous de-
« manderai pas si vous êtes le fils d'un meunier ou
« le fils d'un prince ; car tous mes enfants ont les
« mêmes droits à mes yeux. »

Pourquoi le pays ne tiendrait-il pas ce langage,
et en quoi s'écarterait-il de la plus stricte équité,
en demandant à la vanité ambitieuse une garantie
dont nul ne pourrait s'affranchir ?

Nous avouerons franchement qu'il y a une grande apparence de raison dans ces remarques; mais nous dirons avec la même sincérité qu'une telle rigueur de principes, peut-être à sa place dans quelque république ancienne, n'est plus de notre temps. Nous sommes plus volontiers d'accord avec le moraliste, quand il parle de l'argent dépensé pour les chaires du haut enseignement et pour les écoles de musique, chant, déclamation, peinture, sculpture, etc., etc. « Le pays intervient avec ses « fonds (dit-il) pour décorer le faîte de l'édifice « avant que cet édifice soit construit, et en cela « il va non-seulement au rebours du sens com-« mun, mais il commet une injustice; car s'il doit « l'instruction primaire à tout le monde, comme « cela n'est pas contesté, qui osera prétendre qu'il « peut consacrer un seul centime à un enseigne-« ment d'un ordre plus élevé, ou à des enseigne-« ments frivoles, tandis que l'éducation primaire « est en souffrance, faute de fonds? *Nemo liberalis* « *nisi liberatus*, et nul n'a le droit de se montrer « généreux avant d'avoir payé ses dettes. »

Nous bornerons là nos citations. Elles suffiront pour faire voir que ce problème de l'éducation doit préoccuper plus qu'on ne l'imagine, et qu'il est temps qu'on travaille à le résoudre.

Une autre nécessité non moins pressante, c'est celle de poser des bornes infranchissables aux ambitions déréglées qui veulent escalader l'échelle sociale, et non la monter un degré après l'autre. Il faut arranger les choses de façon qu'il ne puisse plus y avoir de fortune politique subite, et qu'il ne suffise plus d'être un bon harangueur pour arriver de plain-pied au timon de l'État ; car la possibilité de ces avénements miraculeux, quand elle existe, est un malheur pour un pays libre. L'éloquence, comme on l'entend vulgairement, est bonne sans doute, et nous ne prétendons pas qu'on doive la bannir de nos assemblées délibérantes, ni lui refuser le prix qu'elle mérite. Nous voudrions seulement que ce prix fût d'une tout autre nature que ceux qu'on lui a décernés jusqu'aujourd'hui. Nous trouverions bon, par exemple, qu'on récompensât les orateurs qui ne sont qu'orateurs comme d'habiles musiciens, mais non autrement, et nous nous garderions bien de leur confier jamais la direction de nos affaires, car ils sont d'ordinaire passionnés, et ce n'est pas avec de la passion qu'on peut gouverner convenablement les hommes. Quant à cette autre éloquence qui ressort de la parfaite connaissance des objets qu'on traite, de la nette exposition des faits et de la vigueur de l'entendement, nous croyons qu'elle ne peut être trop prisée, car elle est le véritable *mens agitans molem*, mais celle-là n'est ni verbeuse, ni fleurie : elle est positive comme les choses mêmes, et ne se trouve que chez les esprits justes. Or, les esprits justes peuvent seuls aspirer à gouverner les autres.

Cette facilité à se laisser éblouir par des mots sonores, ou des raisonnements spécieux, étant malheureusement dans notre nature française, nous devons nous défier plus qu'aucun autre peuple des enchantements de la parole, et analyser constamment les discours qu'on nous adresse, pour voir s'ils sont d'accord avec la pratique des affaires, ou, en d'autres termes, avec le sens commun. En voyant ce qui se passe autour de nous, il est permis de croire que nous n'avons pas agi avec cette discrétion, et de là les retours subits sur nos admirations, ou, si l'on veut, sur nos engouements. Il semble que, trompés dans nos espérances, nous prétendions faire payer, à nos idoles déchues, l'encens dont nous les avons enivrées mal à propos quand elles étaient sur leur piédestal.

Ne les élevons pas si vite, et nous éprouverons moins de mécomptes; qu'il en soit de la carrière parlementaire comme des autres carrières : qu'elle ait un commencement, un milieu et une fin. Que, lorsqu'il surgira quelque homme de talent à la chambre élective, ou à l'autre, le roi l'appelle dans quelqu'un des services administratifs, pour qu'après un stage plus ou moins long, il soit loisible à Sa Majesté d'en faire un conseiller d'État, et enfin un ministre, à la bonne heure! Mais que, pour entrer au ministère, il y ait des conditions arrêtées; qu'il faille, par exemple, avoir exercé de grands commandements, figuré dans des ambassades ou dans la haute administration de l'État, alors il n'y aura plus d'intrusion, ni, par conséquent, de danger; alors aussi il y aura beaucoup moins de mécomptes.

Ici on rappellera peut-être William Pitt; mais d'abord Pitt était fils de lord Chatam : nourri, pour ainsi dire, par la tradition, il a su gouverner sa patrie de bonne heure, à peu près comme le fils du pêcheur sait gouverner une barque et des filets. Il était d'ailleurs un homme de génie. Or, pouvons-nous espérer qu'il se trouvera souvent des Pitt dans nos jeunes capacités parlementaires, et, en supposant qu'il s'en trouve, ne leur manquera-t-il pas toujours l'habitude, ou, si l'on veut, la pratique des affaires ? Donnons-leur le temps d'acquérir cette pratique, si nous voulons lutter à chance égale avec les autres gouvernements, chez lesquels un même système est suivi par des hommes d'une capacité reconnue : la France gagnera à ces temps d'arrêt placés avec discernement dans la carrière, et c'en sera fait désormais des aventuriers politiques.

Il y aurait une infinité de remarques à faire sur ce chapitre ; mais ce que nous en avons dit doit suffire aux gens pour lesquels nous écrivons.

En examinant avec attention la marche des trois pouvoirs (c'est-à-dire, le roi, la chambre des pairs et la chambre des députés), depuis qu'ils se sont écartés de leur direction naturelle, on voit que, loin de gagner, ils ont beaucoup perdu, tant en considération qu'en force réelle, et que celui de ces pouvoirs qui l'a un moment emporté sur les autres, a le plus souffert de cette déviation, comme cela devait être. Ainsi, jamais la chambre élective ne s'est montrée moins forte que depuis qu'on a proclamé son *omnipotence* prétendue. C'est que le système constitutionnel ne vaut que par sa pondération, et qu'il en est de lui comme de ces machines à engrenage dans lesquelles la plus petite roue est aussi importante que la plus grande. Dès que le rapport qui doit exister entre les diverses pièces de la machine est troublé le moins du monde, elle doit cesser de fonctionner, ou fonctionner à faux. Sur cet exposé, l'on peut juger de la faute que commet tout pouvoir constitutionnel qui cherche à empiéter sur les autres. Il est clair qu'il se charge d'abord d'une responsabilité d'autant plus grande qu'il empiète davantage, secondement, qu'on est disposé à lui demander plus que sa nature ne lui permet de donner ; et qu'il marche ainsi à une sorte de banqueroute morale envers le pays, puisque le dernier terme de ses usurpations est le renversement de la constitution de l'État. Nous savons qu'on a souvent accusé la royauté de ce méfait ; mais il ne suffit pas d'accuser, et il faudrait d'autres preuves que des insinuations de journaux en permanence d'hostilité contre le pouvoir, pour croire à une si grande maladresse. L'exemple de Charles X n'est pas si éloigné qu'on ait pu le mettre en oubli, et le prince qui nous gouverne est trop éclairé pour jouer un jeu, qui serait au moins aussi fatal aux intérêts de sa famille qu'à ceux de son pays. La royauté chez nous n'a pas besoin d'un espace plus grand que celui que la Charte lui a donné pour se mouvoir ; ce qui lui manque, c'est une entière liberté d'action dans cet espace sagement circonscrit. Une autre chose nécessaire à ce pouvoir, c'est la profonde vénération dont il doit être entouré, et qui doit se montrer constamment dans le langage officiel comme dans le langage vulgaire. Il faut que les patriotes éclairés s'entendent bien à cet égard, et fassent comprendre à leurs concitoyens combien il est peu français de parler avec légèreté de celui qui représente, en face de l'étranger, la majesté de la France. Il y a à cela absurdité complète, et c'est un reproche qu'une nation doit se garder d'encourir.

Venons à nos assemblées délibérantes, et commençons par une observation qui s'applique à l'une comme à l'autre : que voyons-nous aux extrémités de toutes deux? De nobles et d'honorables membres, sans doute, mais qu'on qualifie hautement de républicains et de légitimistes sans qu'aucun d'eux cherche à se défendre de ces qualifications, bien que tous aient encore sur les lèvres le serment prêté à un gouvernement qui n'est ni républicain ni légitimiste. A la manière dont on entend le dogme de la légitimité, il y a là certes une anomalie choquante dont devrait s'offenser la loyauté nationale, et d'autant plus caractéristique de notre époque, que notre époque la remarque moins. Une armée peut-elle marcher quand on arbore ainsi devant elle trois drapeaux différents? S'il y a audace d'une part à produire de pareilles enseignes, de l'autre il y a vraie sottise à le souffrir.

Il faut faire cesser ce désordre à tout prix, et revenir à la vérité, sans laquelle il n'y a rien de fort ni de durable. Que ceux qui ne peuvent s'accommoder ni de la charte, ni de la dynastie que la nation a inaugurée, renoncent à siéger parmi ceux qui ont juré fidélité à cette dynastie et à cette charte; cela sera plus moral et plus digne. Au moins restera-t-il à chaque caractère son honneur et sa foi.

Il y a peu à dire sur la pairie, puisque sa manière d'être actuelle n'est pas de son fait. Qu'attendre d'une assemblée sans puissance effective, puisqu'elle est sans racines dans le sol, et par conséquent sans solidité? Mutilée depuis huit ans, et violemment jetée hors de toutes ses conditions

d'existence, la pairie n'est plus rien que par la considération personnelle de chacun de ses membres,
dès lors que son inconsistance, comme pouvoir politique, est malheureusement constatée. Pour qu'elle
soit utile, il faut que la pairie redevienne grande,
et forte, et que l'hérédité la replace dans un état
de fortune indépendant de l'administration : alors
elle sera un véritable appui pour la liberté aussi
bien que pour la couronne. Dans l'intérêt de tous,
il convient que le pair de France, après avoir re-
cueilli, sous le toit paternel, un noble héritage de
traditions, tienne son titre plutôt de sa naissance
que de la volonté d'un ministère dont il aura été
le très-humble serviteur. Si l'on veut qu'il y ait une
suite dans les vues du gouvernement, cette magistrature veut l'hérédité. Éphémère, dans les grandes
occasions, dans les menaces d'envahissement de
l'un des autres pouvoirs, il serait difficile d'en attendre une salutaire résistance, et pourtant en politique, comme en statique, on ne saurait s'ap-
puyer que sur ce qui résiste.

Quant à la chambre élective, peut-être serait-il
convenable de parler d'abord de la loi en vertu
de laquelle les députés sont élus, et de poser
la question de savoir si cette loi est bien
propre à faire ressortir, par les choix qu'elle
produit, l'opinion véritable du pays. On se demande encore s'il ne vaudrait pas mieux abaisser
le cens électoral, en établissant, comme par le
passé, deux degrés d'élection, que de livrer à de
petites localités une faculté aussi importante que
celle de nommer directement des députés. Mais

nous écartons cet examen préliminaire, bien qu'il
puisse sembler nécessaire à beaucoup de gens, et,
acceptant la loi telle qu'elle est, nous allons seulement tâcher de faire connaissance avec les élus
qu'elle nous fournit. Il est superflu de dire qu'une
investigation de cette nature est toute politique et
n'a rien de commun avec les caractères privés.

On ne peut pas dire que les députés appartien-
nent précisément à une classe, puisqu'il n'y a plus
de classes dans le pays ; ils sont, à très-peu d'exceptions près (si même il y a des exceptions), probes,
éclairés, et surtout patriotes sincères. C'est ce que
nous nous empressons de proclamer. Qu'il se
trouve parmi eux quelques membres mus par des
considérations purement personnelles, la chose
est bien possible ; mais le nombre en est certainement très-restreint, et il est juste de reconnaître
qu'en général ils cherchent le bien de la France
avant le leur ou celui de leurs familles. Malheureusement, par une suite, ou plutôt par une extension de leur mandat tout à fait abusive, ils se
regardent comme des espèces de procureurs fondés de MM. les électeurs, et ils se croient obligés de
se dévouer, non-seulement aux intérêts de leurs localités, mais encore aux intérêts particuliers des
personnes influentes qui ont contribué à leur élection. Cette manière de voir les condamne au rôle
de solliciteurs, rôle subalterne qui n'est point en
harmonie avec leur position élevée, dommageable
de plusieurs manières, tant pour eux que pour
l'administration dont ils embarrassent la marche à
chaque instant par des exigences hors de saison,

nuisible au vrai mérite qui, faute de solliciteur, ne peut plus attendre son avancement du respect dû à un ordre hiérarchique ou de l'estime méritée par d'éclatants services. Dès que les mandataires du peuple ont ainsi le droit de pénétrer dans les bureaux des divers ministères, ne comptez plus sur l'émulation des employés de l'État. A une légère exception près, vous en avez fait des mécontents ou des intrigants.

Envoyés à la chambre pour traiter des affaires du pays, les députés doivent tout subordonner à ce grand devoir et s'en occuper constamment. Ils doivent surtout ne jamais aliéner aucune portion de leur indépendance; or, comment la conserveraient-ils tout entière, quand ils sollicitent, soit pour eux, soit pour les autres ? Lorsqu'on tend la main, il faut porter le bât, comme dit un vieux proverbe. Nous comprenons qu'il puisse y avoir un moyen terme, entre des communications ministérielles nécessaires à leur instruction, et une interdiction absolue de rapports avec les chefs de service; mais toujours est-il qu'il y a quelque chose à faire à cet égard, et nous recommandons cette observation à la sagacité des électeurs comme à la pudeur patriotique des élus à venir.

Dès que ces derniers auront renoncé à ce qu'a d'excessif le patronage qu'ils accordent à des intérêts privés, ce sera déjà un grand pas de fait. Si l'on ajoute à cet amendement, qui ne peut provenir que d'eux-mêmes, le soin de réglementer les conditions par l'observation desquelles on devrait arriver au maniement des affaires de l'État, le pouvoir législatif, loin de donner de fâcheuses secousses à la machine politique, n'aura plus qu'une belle et noble mission à remplir. Redevenu fort parce qu'il sera pur de toute ambition déréglée et de toute intrigue, il pèsera dans la balance selon son poids réel, poids qui ne peut manquer d'être grand, puisqu'en définitive ce pouvoir *tient les cordons de la bourse.*

Il suit de ces observations que nos chambres ont besoin d'être modifiées, si l'on veut qu'elles soient à la hauteur des services que l'on est en droit d'attendre d'elles. Quant à leur manière d'être au moment où nous écrivons, nous sommes en conscience obligés de déclarer qu'elle nous paraît telle, que pourrait la désirer un despote qui surgirait à l'improviste, et nous n'avons pas besoin d'en dire davantage pour appeler, sur ce sujet important, l'attention de tous les amis de la liberté.

Après avoir parlé de l'éducation et des grands pouvoirs de l'État, nous pourrions poursuivre notre revue et pénétrer dans l'administration, pour y relever quelques vices plus ou moins patents; mais ce serait chose superflue. Que la France réforme l'éducation de la jeunesse, et corrobore, en revenant aux vrais principes, son système représentatif, elle aura fait assez pour conjurer ses dangers les plus pressants ! Nous n'ajouterons rien aux observations qui précèdent, et nous terminerons par un coup d'œil jeté sur notre position relativement aux autres gouvernements de l'Europe, condition sans laquelle notre travail serait incomplet. Qu'on nous accorde encore quelques minutes d'attention ; le sujet en vaut la peine.

Nous poserons d'abord cette question : Que som
mes-nous, politiquement parlant, et aussi sous le
rapport stratégique ?

En dissidence avec les grandes masses qui nous
entourent, par rapport au principe de notre gouvernement, nous ne marchons pas du même pied
que les puissances avec lesquelles notre position
continentale nous oblige de compter. Ceci est un
fait reconnu. D'un autre côté, la vieille jalousie
que notre fortune politique et militaire a soulevée
contre nous depuis le règne de Louis XIV, n'a pas
cédé, comme on pourrait le croire, à notre abais-
sement momentané. On sait parfaitement en Europe que la France, au temps de ses triomphes,
n'a exécuté que ce que sa force réelle lui permettra
toujours d'entreprendre, tant qu'elle ne sera pas
démembrée ; mais on sait aussi que cette force n'est
point à craindre, lorsqu'elle sera dépensée *en de-
dans* et qu'elle s'usera en querelles domestiques.
On sait surtout que si nous avons résisté en 1792
à l'Europe coalisée, c'est non-seulement par un ef-
fort de vertu patriotique qui pourrait fort bien ne
pas se renouveler ; mais aussi parce que les forces
du pays reçurent à l'instant opportun, une impul-
sion unique et irrésistible.

En effet, la cause populaire soutenue par tout
ce que la nation renfermait de plus pur et de plus
généreux, ne pouvait succomber que par défaut
de gouvernement ; mais ce premier ressort ne lui
manqua pas, et celui qui s'établit fut merveilleuse-
ment assorti aux besoins du moment ; car il se
montra sans peur, sans pitié, sans arrière-pensée

d'aucune espèce, et brûla ses vaisseaux en jetant le gant à l'Europe conjurée. Aussi, jamais gouvernement ne fut mieux ni plus universellement obéi. C'est que l'instinct des masses, qui ne se trompe guère, leur révélait l'immense danger de la position. Elles comprenaient qu'un pouvoir vigoureux pouvait seul sauver l'indépendance nationale, et, sans balancer, elles se soumirent à ce pouvoir, quelque révoltant qu'il fût d'ailleurs.

Il faut savoir aussi que la coterie sanguinaire, qui dominait durant la crise dont nous parlons, fut constamment au niveau de son entreprise. « Si l'on « évoque (a dit un anonyme), ces révolutionnai- « res célèbres, ils apparaîtront avec leurs faces hi- « deuses et leurs mains sanglantes; mais ils ne seront « pas chargés des dépouilles des proscrits, car ils « furent féroces sans être vils ; et leur désintéresse- « ment personnel, si remarquable, restera toujours « comme une preuve sans réplique, qu'ils n'étaient « point, à plusieurs égards, indignes de leur ter- « rible grandeur. »

Ainsi donc la France, de toute part menacée, recourut alors au despotisme comme au seul gouvernement qui pouvait la sauver, au seul peut-être qui lui convienne en temps de guerre, lorsque des alliances sûres ne lui garantissent pas une partie de ses frontières. On peut voir, en parcourant ses annales, que si elle a fait de grandes choses, c'est à la vigueur dans le commandement qu'elle l'a dû dans toutes les époques de l'histoire, non moins qu'à la valeur de ses soldats ou à l'habileté de ses négociateurs; que toutes les fois qu'elle est tombée en des mains faibles, les ressorts de son gouvernement se sont à l'instant détendus, et que la chute de sa prépondérance s'en est suivie avec une rapidité qu'on a peine à concevoir.

Ces anomalies, si fréquentes dans ses fastes, sont dues, sans doute, en grande partie, au caractère national; mais on ne peut s'empêcher de reconnaître que la position y est aussi pour beaucoup, et que ce qui est arrivé à la France, entourée de grandes puissances jalouses, ne fût point arrivé de même à la France insulaire, péninsulaire, ou adossée à des déserts.

En effet, les nations défendues par des remparts naturels, comme l'Angleterre, ou qui n'ont que des voisins insignifiants, comme l'Amérique, sont à l'abri d'une foule d'inconvénients : les maux de la guerre ne les atteignent que rarement au cœur, et il ne s'agit jamais pour elles d'être anéanties dans une campagne, ainsi que cela peut arriver aux peuples les plus puissants, lorsque ces peuples ont des voisins immédiats d'une consistance égale à la leur. A plus forte raison, si l'un de ces peuples est de toutes parts entouré de grandes masses armées, dirigées par d'autres principes que ceux qu'il professe lui-même, il est clair que son danger redoublera, et qu'il ne pourra se préserver de la conquête, qu'en se tenant toujours prêt à repousser les assaillants. On conçoit, d'après cela, qu'il lui faut une organisation compacte avec un gouvernement vigoureux, car ses ressources doivent être soudaines comme ses besoins, et il n'a pas le temps de délibérer.

La France, sous ce rapport, n'est en mesure qu'à demi; elle possède, il est vrai, une centralisation précieuse qui a pris racine dans le sol et qui est un élément de succès ; mais son gouvernement ne sera jamais assez fort pour exploiter cet avantage et fonctionner convenablement, en cas de guerre, s'il demeure tel qu'il est. Comment s'accommoder des formes constitutionnelles lorsque la patrie est en danger, et discuter en parlement quand l'ennemi est aux murailles, ainsi que s'en avisa notre chambre des représentants pendant les cent jours? Il faut laisser cet avantage aux nations favorisées par un isolement quelconque, et ne pas se conduire d'après leurs règles, lorsqu'on occupe une position différente de la leur : voilà ce que le plus simple bon sens conseille, et ce que néanmoins la France semble oublier.

Que la trompette sonne demain et qu'il lui faille à l'instant faire front de tous côtés, ainsi qu'elle l'a fait en 1793, où en sera-t-elle avec ses formes dilatoires et ses conflits? Quel secret couvrira ses desseins lorsque la Presse, à l'affût des nouvelles, s'empressera de publier tout ce qui viendra à sa connaissance dans le pays? lorsque les opérations de la guerre, livrées aux commentaires quotidiens des partis, seront, par cela même, dénoncées à l'ennemi et déjouées avant d'être entreprises? Alors il arrivera nécessairement de deux choses l'une : ou le gouvernement usurpera la dictature en vertu du *salus populi,* ou la nation la lui décernera d'un mouvement spontané : car le dernier malheur pour elle étant d'être envahie, son instinct la portera d'abord vers la seule mesure qui puisse la sauver de ce résultat funeste.

D'après d'aussi puissantes considérations, on peut juger de l'à-propos de la controverse qu'on a dernièrement élevée sur ces mots : LE ROI RÈGNE ET NE GOUVERNE PAS. Controverse supportable, peut-être, dans des pays où on a le temps d'attendre, mais certainement déplacée dans ceux qui doivent toujours être prêts à la guerre. Il faut dans ces pays une disposition législative, particulière au cas dont nous parlons, qui, autorisant le secret absolu des opérations du cabinet, permette, au premier besoin, de réunir dans la même main toutes les forces nationales. Or, comme au roi seul peut appartenir cette concentration, il est clair qu'annuler le roi dans les temps ordinaires, est un contre-sens; car moins il aura de considération dans le pays, moins il sera propre à jouer le rôle que la nécessité peut lui imposer dans de graves conjonctures. Demandez alors aux Chambres quelque chose d'extraordinaire comme le péril, elles n'y verront qu'un surcroît de pouvoir accordé à des ministres, objet de leur envie. Si, au contraire, dans la personne royale, vous n'avez pas amoindri la majesté du trône; si celle-ci est restée ce qu'elle doit être, c'est-à-dire, planant au sommet du mécanisme constitutionnel et lui imprimant son action sous la responsabilité d'un cabinet fort de la force même de la couronne, les Chambres, cessant de voir des ministres jalousés, pour ne voir qu'un roi digne de

3.

leur confiance, accorderont ce qui sera réclamé par les besoins du moment; et, n'en doutez pas, il peut se présenter de telles circonstances, où ces besoins veuillent plus que de l'or et des hommes!

Ces observations acquièrent une nouvelle force, quand on pense qu'il ne nous suffit pas d'avoir une organisation compacte avec un principe de mouvement vigoureux, mais que nous avons en outre besoin d'une pensée politique qui ne varie point à chaque changement de ministère, et qui se traduise en maximes d'État, enfin d'une sorte de pérennité dans des vues, fruit d'une longue expérience. Il est donc superflu de nous parler d'un soliveau couronné, qui serait sans parole et sans influence dans le gouvernement, parce que la France ne saurait s'en accommoder, et que son juste orgueil, pas plus que le soin de sa sûreté, ne lui permettra jamais de confier sa grande épée à un automate, de quelque titre pompeux qu'on le décore. N'a-t-on pas reproché à Charles X ses chasses et ses messes? La France n'a pas voulu du gouvernement des femmes : elle entend que le sceptre soit dans la main d'un homme, et dès qu'elle ne sentira pas l'action de cet homme, le murmure sera sur ses lèvres. Si vous voulez autre chose, commencez par changer le caractère national; vous pourrez ensuite rappeler de son exil le duc d'Angoulême.

Nous ne pouvions taire ces vérités, parce qu'elles nous semblent aussi pressantes qu'elles sont manifestes. Elles n'ont pas, sans doute, échappé aux gens qui veulent mener nos affaires, bon gré mal gré; mais il est permis de croire que, dans l'embarras où ils se sont trouvés pour les faire cadrer avec leurs théories gouvernementales, ils les ont tout bonnement laissées de côté; ce qui est plus commode que prudent, attendu qu'elles ne manqueront pas de se présenter dans toute leur force au premier coup de canon, et qu'alors, quoi qu'on fasse, elles domineront inévitablement notre politique.

Le danger d'une invasion subite peut être neutralisé, dira-t-on, par des alliances: sans doute; mais pour que ces alliances soient sûres, il faut des conditions que la France ne remplit qu'envers des nations séparées d'elle par la mer ou par de grandes distances. On conçoit que des formes diverses de gouvernement ne soient pas un obstacle à la bonne intelligence, lorsque les peuples qui traitent entre eux ne sont pas voisins; mais lorsque ces peuples se touchent immédiatement et se confondent, pour ainsi dire, par une communication de tous les jours, ils ne peuvent s'allier avec sincérité, si leurs principes politiques diffèrent essentiellement (1). Voilà ce qui complique la position de la France, et ce qui la forcera peut-être, tôt ou tard, de modifier ses doctrines, si elle ne parvient à les faire adopter par les peuples qui l'environnent.

Cette alternative ne frappe pas les yeux mainte-

(1) On n'a pas besoin de faire remarquer qu'il ne s'agit ici que des grandes puissances, et qu'il ne peut être question de la Suisse, ou de tout autre petit État intermédiaire, puisqu'il n'y a plus d'intermédiaires indépendants. Dans toutes nos guerres, la faible résistance des cantons suisses est venue à l'appui de cette vérité.

nant, parce que l'alliance de la France et de l'Angleterre forme une espèce d'équilibre, dans lequel on aime à s'endormir; mais elle n'en existe pas moins. Il est vrai qu'à défaut de l'alliance dont il s'agit, la France peut en contracter une autre d'un poids égal, dans le Nord, et c'est une ressource; mais en supposant que toutes les deux lui manquent à la fois, et qu'elle reste seule contre l'Europe en armes, ainsi que cela est déjà arrivé, le terrible dilemme se présentera à l'instant dans toute sa force, et alors il ne sera plus temps de négocier: il faudra se battre.

Si cette nécessité est reconnue, et si nul ne peut la décliner, il est clair que la France doit se préparer à l'avance pour cette grande éventualité. Elle a évidemment deux partis à prendre : le premier est de reconstruire son ordre social, et de corriger, peu à peu, les défauts les plus palpables de sa constitution politique, en renonçant de bonne foi à tout ce que cette constitution présente d'incohérent par rapport à sa situation géographique; et, LE SECOND, de donner carrière à toutes les conséquences de ses doctrines et de courir encore la fortune des révolutions.

Dans le premier cas, elle sera probablement aidée par l'assentiment général de ses voisins, à moins que Dieu ne leur ait totalement refusé la sagesse. Elle ne trouvera de résistance que dans les passions qu'elle renferme dans son propre sein et dont elle devra changer la direction pour les faire concourir au bien commun. Mais ces passions sont ardentes, et les discipliner pour les rendre utiles, est une entreprise colossale : pourtant, c'est la seule à tenter ; car il n'y a pas moyen de songer à comprimer ces passions, encore moins de les éteindre, puisqu'elles sont la vie du corps social. En marchant dans cette voie, la France ne fera que persister dans l'allure qu'elle a prise en 1830, allure qui, malgré les fautes inséparables d'un début, lui a valu d'abord la paix, ce premier des biens, et une somme de prospérité qui ne fait que s'accroître tous les jours. Elle mettra un terme aux appréhensions aujourd'hui fort naturelles de l'Europe légitimiste, la réconciliera peut-être avec la liberté, et finira par amener ce désarmement général au moins des forces de terre, dont tous les peuples sentent si vivement le besoin. Tels sont les avantages qu'elle tirera, pour elle et pour le monde, de sa conduite modérée.

Mais, ainsi qu'on l'a déjà vu, la tâche que la France doit remplir, afin d'arriver à ce magnifique résultat, est aussi difficile qu'elle est véritablement noble et belle. Il faut qu'elle remanie ses lois et qu'elle réorganise la société, en la prenant pour ainsi dire *ab ovo*, afin de borner les mauvais effets de la vanité nationale par une éducation mieux ordonnée, en attendant qu'elle puisse métamorphoser cette vanité, aujourd'hui égoïste et puérile, en un louable orgueil national. Il faut qu'elle reconnaisse que l'indépendance du pays passe avant la liberté, et la liberté avant l'égalité ; il faut qu'elle fortifie deux de ses pouvoirs, en les mettant au-dessus des attaques banales des factions, et qu'elle n'admette pas plus les procès de *tendance* faits aux ministres par la presse, que les procès de *tendance* faits à la presse par les ministres. Qu'elle proclame la liberté pour tous, dans la sphère légale, et abjure cette liberté individuelle qui prétend s'exercer sans avoir égard à la liberté des autres ; qu'elle annonce la paix à tous les hommes de bonne volonté, mais la guerre aux vices, et qu'elle fasse un retour sincère aux idées de justice, aujourd'hui évidemment faussées par une philanthropie menteuse qui ne profite qu'aux méchants. Enfin, il faut qu'elle s'accoutume à entendre la vérité et qu'elle n'étouffe pas, sous des cris de commande, la voix des gens de cœur qui oseront la lui dire!

Tel est le programme qu'elle doit réaliser sous peine de faire défaut à ses destins.

Dans le second cas que nous avons posé, elle n'a point, il est vrai, tant de ménagements à garder. Ainsi, en admettant qu'elle se décide à se jeter, à croix ou à pile, au milieu de l'Europe légitimiste, armée de ses doctrines et du prestige attaché à son drapeau, il vaut mieux pour elle fermer les yeux et pousser hardiment en avant, que de se faire une règle de conduite qui gênerait son essor. Il faut alors qu'elle adopte la grande pensée des hommes de 1793, et qu'elle entraîne, bon gré mal gré, les autres peuples à sa suite dans la carrière des révolutions; il faut, en un mot, qu'elle crée, autour d'elle, un nouveau monde politique, afin de n'être pas écrasée par le monde actuel, et qu'elle concoure ainsi à vérifier cette grande prophétie: « Qu'avant l'expiration d'un « siècle, l'Europe sera Cosaque ou République. »

Certes, ce dernier parti est grand et peut conduire à une gloire éclatante, comme à des préci-

pices ; c'est ce qu'on ne saurait nier ; car, en le prenant, on en appellera au seul jugement des armes, et
les armes sont aveugles aussi bien que journalières ;
mais peut-être est-il préférable, quelque hasardeux
qu'il soit, à la fausse situation dans laquelle nous
ont placés les événements de 1815. Au reste, le
moment n'est pas venu de prendre un parti à cet
égard, bien qu'il puisse arriver d'un jour à l'autre.
Ce qu'il y a de plus urgent pour nous, c'est de repousser les mauvaises doctrines, afin d'échapper
aux mauvaises mœurs qui en sont la suite. Il faut
arrêter, à tout prix, cette invasion plus dangereuse
pour nous que celle des bandes armées. Donnons
une meilleure direction à notre jeunesse, et com-
primons l'égoïsme qui corrompt tout ; soit qu'au
moyen de l'intrigue il se glisse dans les avenues
du pouvoir, soit qu'audacieusement ambitieux il
éclate en émeutes sur les places publiques. Sou-
venons-nous que la France, quoique mutilée et
démantelée par une politique ennemie, est toujours
la France ; et que le jour où elle sera franchement
unie, elle reprendra son assiette naturelle et le rang
qui lui appartient, non-seulement sans tirer l'épée,
mais encore aux applaudissements des nations. Au
contraire, si elle cède aux passions insensées du
moment, si elle dépense son énergie en petites intrigues ou en misérables bavardages, et si elle
perd enfin sa nationalité, qu'elle prenne garde aux
malédictions de l'avenir ! Napoléon disait à son
armée rangée en bataille sur les bords du Nil : « Du
« haut de ces pyramides, quarante siècles vous
contemplent ! » Moins laconiquement nous dirons

au roi, aux chambres, au pays tout entier : « L'Eu-
« rope est attentive ; elle sent que ses destinées sont
« entre vos mains ; quoique vous l'ayez effrayée,
« elle vous aime. Si vous avancez sagement dans
« la liberté, elle vous suivra ; si vous vous laissez
« entraîner à l'esprit de vertige, elle se rejettera dans
« la servitude, pour échapper à l'incendie qui vous
« aura dévorés ! De vous, uniquement, dépend le
« choix de cette alternative (1). »

(1) Il a été parlé dans cet écrit, par éventualité, d'une recons-
titution de la chambre des pairs : on n'a pas entendu que celle-ci
eût lieu sans garanties, dans le cas du rétablissement de l'hérédité. Ainsi, il serait à souhaiter que le successeur au titre en
ligne directe, et à l'exclusion des puînés, fût soumis, dans la
chambre des pairs, à un scrutin secret, immédiatement après
le décès de son auteur ; qu'il ne fût admis qu'en obtenant *les
deux tiers* des suffrages des membres présents ; qu'à la suite
d'une simple majorité obtenue, l'ajournement fût prononcé ; et
que, si celle-ci n'était pas atteinte, le titre fût déclaré éteint.
Certes, il serait ainsi pourvu à l'honneur de la chambre, comme
à celui des familles. Quel jeune homme, ayant en perspective la
solennité d'une pareille sentence, ne reculerait pas devant tout
ce qui pourrait la lui rendre défavorable ? Ceci ne toucherait au-
cunement au droit de la couronne, qui resterait toujours en possession d'appeler à la pairie, les citoyens connus par de grands
talents ou de grands services rendus à l'État, sans pourtant
qu'elle fût renfermée dans un cercle inconstitutionnel de caté-
gories, devenu nécessaire, il faut en convenir, par l'extrême
mobilité de notre haute administration.

QUESTIONS A L'ORDRE DU JOUR.

De l'état des condamnés aux travaux forcés en France ;

De la réhabilitation en matière criminelle ;

De l'urgence d'assigner un local à la déportation ;

De la peine de mort ;

De l'exécution des condamnations à la peine capitale ;

De l'éducation donnée au peuple, et de ses conséquences.

.... Facilis descensus Averno.

....

Sed revocare gradum, superasque evadere ad auras,
Hoc opus, hic labor est.

           Virg., Æneid. , lib. VI, v. 126 et seq.

QUESTIONS A L'ORDRE DU JOUR.

§ I.

Notre titre l'apprend : plus d'une question de morale et d'ordre social vont être encore soumises à notre examen. C'est en effet de ce double point de vue que doivent être envisagés de pareils sujets; car nous avons l'intime conviction que ce qui assure ou compromet le bonheur des familles ici-bas, n'importe pas moins à l'ensemble de l'espèce humaine, réunie en corps de société. Soit dans un sens matériel, soit dans un sens intellectuel, le beau et l'utile, ramenés à leur véritable acception, s'ils ne se confondent, réveillent des idées qui leur sont communes. La Providence avait ses motifs pour le vouloir. Le crime sera toujours ce qu'il y a, à la fois, de plus hideux et de plus nuisible; la vertu, ce qu'il y a de plus aimable et de plus essentiel au maintien d'un ordre public, qui cesserait dès l'instant où celle-ci ne serait plus en majorité sur la terre. Malheur donc à ceux qui essayeraient de leur enlever ce double caractère en l'altérant par des écrits insidieux, ou en le faussant par des institutions empreintes d'une philanthropie mal raisonnée!

Nous savons que, dans le cours des idées actuelles, il y a quelque hardiesse de notre part à

aborder le sujet que nous allons traiter. Les têtes,
sur lesquelles s'est appesantie la main de la justice,
seraient sacrées pour nous, et inviolables, bien que
leur malheur fût mérité, si, dans les jours où nous
vivons, une pitié inconséquente n'appelait sur elles
l'intérêt, qu'elle accorde avec plus d'épargne à la
misère honnête et laborieuse. Mais quand la plume,
douée du talent d'émouvoir les âmes, va chercher
ses héros dans le réceptacle fangeux des vices qu'a-
vec un juste effroi la cité repousse de son enceinte;
quand, les parant d'un éclat imposteur, et les ar-
mant de paroles prestigieuses, au défaut du poignard
qui leur est échappé de la main, un art funeste
dresse l'acte d'accusation de la société, et donne
raison contre elle à ceux qui, violemment, en ont
troublé le repos, il est du devoir des honnêtes gens,
autant qu'ils le peuvent, de mettre un terme à de
pareils désordres. Dieu nous est témoin que si cette
perversion du sentiment moral ne nous semblait
trop menaçante; si même, et sans doute à leur
insu, elle ne se glissait dans des cœurs généreux,
nous nous tairions en face de l'homme que la loi
a frappé de ses peines les plus sévères. Nous n'arrê-
terions même sur lui nos regards qu'avec ce trem-
blement et cette crainte religieuse dont le passant
est saisi en présence de l'édifice ou de l'arbre
noirci par la foudre.

Nous savons que parmi les malheureux sortis des
bagnes et des maisons de détention, il en est chez
lesquels la conscience s'est réveillée; nous savons
que quelques-uns n'ont pas été sourds à ce cri :
Hélas! les crimes qui, chaque jour, épouvantent

les villes et les campagnes, nous apprennent combien plus nombreux sont ceux qui ont persisté dans la mauvaise voie ! La faute n'en est pas à eux seuls. Leur ligne était tracée dans le mal, et la société n'a pas fait encore, elle ne se met même pas en mesure de faire ce qu'il faudrait pour les en détourner. C'est ce que nous démontrerons dans cet écrit.

Toujours est-il vrai qu'il en est dont l'âme s'est ouverte à un salutaire repentir : paix soit accordée à ceux-là ! Que la société leur pardonne, ainsi qu'au grand jour de ses justices et de ses miséricordes, Dieu, sans doute, leur pardonnera ! Nous serions désolés que nos paroles, en parvenant jusqu'à eux, vinssent les contrister et leur enlever, dans la vie présente, une seule des espérances offertes par une foi sainte à leur avenir ; mais, nous le déclarons avec le vif regret de trouver de grands législateurs en défaut, la *réhabilitation* offerte aux condamnés par le Code d'instruction criminelle, ne renferme qu'une promesse illusoire. Facultative suivant la loi, elle est impossible dans un ordre civil bien compris ; et, si elle se réalisait jamais dans la mollesse de nos mœurs actuelles, elle serait un malheur de plus, que nous aurions à déplorer comme symptôme d'une dissolution sociale, déjà consommée ou prochaine.

Ce qui nous conduit à tracer ces lignes, d'une apparence sévère pour les repris de justice (auxquels, suivant nous, le parlement de France ne saurait trop tôt préparer hors du pays une meilleure condition), c'est que, en ce qui les touche, des présidents de cours royales, des procureurs géné-

raux, des jurisconsultes et des hommes d'un caractère grave, ont cru devoir appeler l'attention du
gouvernement sur une refonte à faire du Code
d'instruction criminelle. Pour motifs, ils ont allé-
gué que les demandes en réhabilitation, formées
par les condamnés, après l'expiration des peines
afflictives ou infamantes, étaient extrêmement
rares ; plaçant la cause de ce fait dans un appareil
excessif de publicité dont la loi entoure les repris
de justice qui aspirent à la faveur d'une réconciliation avec l'ordre social, ils en attendent le correctif d'une réduction des démarches et des actes
préalables auxquels les impétrants sont soumis.
Nous nous voyons forcés d'avouer que la nature
de cette requête aurait dû ouvrir les yeux aux magistrats, autant sur l'inanité de leur désir, que sur
le préjudice qui résulterait de son succès pour la
société tout entière. Un projet de loi en rapport
avec ces idées de moindres exigences et de simpli-
fication dans les formes prescrites, fut préparé : il
a été présenté à l'examen du conseil d'État (1), qui,
pénétré sans doute de la difficulté de la matière, a
jugé convenable d'en ajourner la discussion.

Nous espérons que cet ajournement ressemblera
à celui dont les chambres législatives frappent certaines lois fâcheuses et inopportunes qu'ils se réser-
vent de discuter après la loi des recettes ; or, on
sait que le vote de celle-ci devient le signal du
retour de nos honorables députés dans leurs arron-
dissements respectifs, ce qui livre, chaque année,

(1) Par M. Mottet, député, conseiller d'État, rapporteur.

la chambre des pairs à un état de mensonge constitutionnel. Une recrudescence de philanthropie pouvant toutefois avoir lieu, nous allons exprimer, avec
une entière franchise, notre opinion, tant sur le
projet dont il s'agit, que sur le chapitre du Code
d'instruction criminelle qui en a été l'occasion.
Notre rigueur apparente nous servira de motif pour
réclamer le seul établissement dans lequel les libérés, après l'expiration de leur peine, soit par laps de
temps, soit par grâce royale, puissent retremper
leur âme et renaître à la vertu. Car nous croyons
fermement que les maisons pénitentiaires, dont il
est bruit aujourd'hui, seront plus utiles à la fortune de leurs nombreux états-majors qu'à notre
pauvre espèce humaine. Cette dernière réclame un
topique mieux approprié à ses maux, si on ne veut
que ses grandes plaies deviennent incurables; et
c'est sa propre nature qui l'indique: vérité que nous
espérons mettre bientôt hors de doute. Commençons par établir l'état actuel de la législation sur
la matière.

En remontant le cours des anciens âges, on trouvera que le droit de grâce, dont celui de la réhabilitation après la remise ou l'expiration de la peine
encourue, semble une conséquence, n'a été primi-
tivement que le droit du vainqueur sur le vaincu,
du fort sur le faible. La terreur d'un avenir incer-
tain et une soif de vengeance, dans ces jours de
barbarie, ont fait taire plus d'une fois la pitié. Un
caprice épargnait l'ennemi auquel le sort des armes
avait été funeste; un caprice lui donnait la mort.
Du plus loin que l'on interroge les fastes de la

monarchie française, on ne rencontre autre chose.
Alors seulement que le pouvoir a cessé de trem-
bler sur sa propre existence, et quand la justice en
a reçu des formes régulières, le droit de grâce est
devenu la prérogative légale du chef de l'État. Ce
droit s'étendait sur toutes les matières de crimes
ou de simples délits. Par ordonnance royale, le
prince rétablissait ses sujets en *bonne fame* ou renommée, et les rendait aptes à exercer toutes sortes d'offices.

   L'arrêt ou la sentence qui avait condamné l'impétrant en dernier ressort, sous peine de nullité,
devait être attaché sous le contre-scel de l'acte de
réhabilitation. L'article 6 du titre xvi de l'ordonnance criminelle du mois d'août 1670, en faisait
l'injonction expresse. En certains cas, le gracié
était tenu de prendre place sur la sellette affectée
au repris de justice, pendant l'audience de la grand'-
chambre du parlement, pour y entendre la lecture
et assister à l'entérinement de ses lettres de grâce,
qui emportaient presque toujours, et de plein droit,
sa réhabilitation (1).

   Ce n'est pas là précisément ce dont il s'agit aujourd'hui; car, dans notre ancien régime, il est
bien peu d'exemples de gens obscurs, au profit
desquels ces formes aient été observées. Elles s'ap-
pliquaient principalement aux cas de félonie, de
guerre civile, de duels et de complots politiques.
Plus d'une fois d'illustres criminels leur durent d'é-
chapper à un châtiment mérité : témoin celui qui,

_____

(1) Ordonnance de 1670, articles 5, 6, 7, etc.

dans des temps assez voisins des nôtres, se rendit coupable dans une seule nuit, d'incendie, de rapt et de viol! Un devoir d'exactitude nous oblige de dire qu'en cette occasion, comme en quelques autres, la faveur royale alla jusqu'à couvrir ce triple déportement d'un voile de silence. Justice fut pourtant faite, et un poëte, armé de ses brûlants hémistiches, se chargea de venger la morale publique. L'empreinte du fer rougi au feu de sa verve est restée indélébile sur le front du coupable comme dans les pages de l'infortuné Gilbert.

On conçoit qu'avant la grande révolution de 1789, la grâce ait été rarement appliquée à des êtres de bas étage. Il en fut de même de la réhabilitation ; privés qu'ils étaient de fortune et de droits civiques, à leur égard elle eût été sans objet. Quand les personnes qualifiées n'échappaient pas à la peine par des lettres d'évocation (faveur qui leur était peu refusée), elles parvenaient à s'y soustraire par des *lettres de grâce*, qu'il ne faut pas, cependant, confondre avec les lettres de réhabilitation. Celles-ci étaient accordées quelquefois à des hommes politiques, à des suppliciés, ou à des proscrits morts en terre étrangère. Alors les familles étaient réintégrées dans leurs propriétés et dans leurs honneurs, à moins que les biens des condamnés n'eussent été déjà incorporés au domaine de la couronne.

L'usage des lettres de réhabilitation a été aboli par l'article 13 du titre VII de la première partie du Code pénal, décrété le 25 septembre 1791. Voici comment les articles 6 et 7 de la même loi et du même titre y avaient pourvu.

ARTICLE 6.

Deux officiers municipaux (1), révétus de leur écharpe, ou, avec leur procuration, deux officiers municipaux de la ville où siége le tribunal criminel du département dans le territoire duquel le condamné est actuellement domicilié, conduiront le condamné devant ledit tribunal criminel; après avoir fait lecture du jugement prononcé contre le condamné, ils diront à haute voix :

« Un tel a expié son crime, en subissant sa peine;
« maintenant sa conduite est irréprochable. Nous
« demandons, au nom de son pays, que la tache
« de son crime soit effacée. »

ARTICLE 7.

Le président du tribunal, sans qu'il en soit plus amplement délibéré, prononcera ces mots :

« Sur l'attestation et la demande de votre pays,
« la loi et le tribunal effacent la tache de votre
« crime. »

« Sauf dommages, intérêts et autres condamna-
« tions pécuniaires encourues. »

On est tout surpris que de pareilles dispositions de lois soient émanées d'une réunion de têtes pensantes, qui ne devaient être étrangères, ni aux habitudes moqueuses d'une société encore assise sur les bancs de l'école voltairienne, ni à l'entraînement des passions, quand elles ont une fois rompu

(1) De la commune dans laquelle l'arrêt de condamnation a été prononcé.

la digue du sentiment religieux. Il est pénible de
voir de graves législateurs s'amusant ainsi à parader
en présence de citoyens, qu'ils invitent à serrer
dans leurs bras, le malheureux dont la vie entière,
s'il est touché d'un vrai repentir, devrait s'écouler
dans la solitude et dans les larmes. Je ne sache
pas qu'aucun magistrat, revêtu de ses insignes, ait
eu l'occasion de remplir les fonctions à lui dé-
voulues par l'article 7ᵉ de la loi précitée. Avant
d'y procéder, il eût eu à se demander à lui-même,
en vertu de quel titre il se fût permis d'effacer la
tache du crime commis envers Dieu et les hommes. L'Évangile a bien dit : « Qu'il y aura autant
« de joie *dans le ciel*, pour un seul pécheur repen-
« tant, que pour quatre-vingt-dix-neuf justes per-
« sévérant dans le bien (1). » Remarquez que le
Christ place cette joie dans le ciel, parce que c'est
là que réside le juge suprême de nos actions, celui
qui scrute les reins et les cœurs, celui qui ne peut
être abusé par un faux repentir. Mais à quel tribunal ici-bas est-il donné de pénétrer dans cet
asile mystérieux de nos pensées? Quand le criminel a
été condamné, quand la terre a bu le sang de la
victime, la religion a le droit d'absoudre; car sa
main a reçu le pouvoir de lier et de délier. Nous
examinerons bientôt si la société n'a pas un peu
plus de précautions à prendre, et si, après avoir
laissé la vie à celui qui l'a perfidement arrachée à
son frère, elle doit encore lui rendre l'honneur.

(1) *Dico vobis quod ita gaudium erit in cœlo, super uno
peccatore pœnitentiam agente, quam super nonaginta novem
justis, qui non indigent pœnitentia.* (Év. St. Luc, ch. xv, v. 7).

Il est facile de reconnaître ici la trace de cette déplorable philanthropie, qui, se substituant à la parole sainte, ne voulait rien moins que détrôner, dans le sein de l'homme, la charité évangélique. Bien qu'éclairés par les lueurs sinistres qui ont jailli de notre tourmente révolutionnaire, nos législateurs de 1808 ont payé le tribut à l'erreur par laquelle furent égarés ceux de 1791. Sans donner à la réhabilitation une couleur romantique, assez déplacée dans un code d'instruction criminelle, ils ont maintenu un principe que nous allons combattre par des motifs de raison, de sociabilité, de saine morale, et même d'humanité envers ceux que l'on voudrait appeler à en recueillir le bénéfice.

§ II.

Les précédents de l'ancien régime étaient ici sans autorité; la *révision* des arrêts, après que tous les degrés de juridiction ont été parcourus, est devenue pour nous chose impossible. Vainement l'abbé Salgues l'a invoquée, pendant des années, en faveur de la mémoire du condamné Le Surques; vainement madame Duhault de Champignelles y a eu recours pour elle-même en demande d'état, bien que le célèbre procureur général de la Cour de cassation, M. Merlin, dans son *Répertoire de jurisprudence*, ait laissé cette affaire enveloppée de ténèbres, auxquelles l'autorité de la chose jugée ne permettait plus de la soustraire. Il ne pouvait davantage tomber dans la pensée des auteurs du Code criminel de ressusciter les lettres d'*évocation* et d'*abolition*. Nos mœurs, comme l'esprit public, répugnaient à charger de ce funeste présent la prérogative royale. L'effet des premières étant de donner à l'accusé des juges spéciaux, bénévoles ou non, la conséquence des secondes étant d'effacer l'accusation du crime au mépris des arrêts, les unes et les autres eussent eu un aspect intolérable de privilége : il ne restait plus à la clémence du roi qu'à se réfugier dans l'exercice du droit de grâce, après le verdict sacramentel prononcé par le jury. C'était beaucoup; cela allait bien à la dignité du trône; mais c'était également tout ce qui était possible.

Aussi M. Sirey, contradictoirement à l'opinion du criminaliste le Graverend, a été très-justement fondé à reconnaître une différence essentielle entre la *grâce* et la *réhabilitation*. (1). La grâce, en effet, est un acte de longanimité, quelquefois de simple commisération, auquel se livre la clémence royale, ou bien qui lui est conseillé par un intérêt de haute politique. La réhabilitation va beaucoup plus loin : dès lors elle devait appartenir au domaine de la loi. Sa prétention n'est rien moins que d'imposer à la société entière l'oubli des coups qui lui ont été portés, des outrages qu'elle a reçus, des périls qu'elle a courus, et souvent de plaies qui saignent encore. On lui demande, avec une sorte de hardiesse, le respect de ce qu'elle a flétri; on le lui ordonne même de par le Code d'instruction criminelle. Ce n'était point une nouveauté. Ainsi que nous l'avons

(1) Recueil des lois et arrêts, 2ᵉ partie, p. 91, édit. de 1823.

dit, le titre VII du code pénal de 1791 en offrait la pensée dans tous ses développements; nos légis-lateurs de 1808 n'ont pas osé répudier ce legs, et, s'ils ont eu le bon sens de ne pas donner à leur dispositif un appareil pastoral, voire même un peu théâtral, trop peu en rapport avec nos habitudes ironiques, ils n'ont pas échappé à l'inconvénient de faire une très-mauvaise loi, fort heureusement peu susceptible d'exécution, ce que l'expérience a démontré.

Les articles du Code d'instruction criminelle, depuis le 619e jusqu'au 634e inclusivement, indi-quent dans quelle forme le condamné qui aura subi une peine afflictive ou infamante, pourra être réha-bilité.

On voudrait aujourd'hui simplifier ces formes, abréger les délais, réduire le nombre des condi-tions exigées, aplanir les obstacles créés par la loi de 1808. Du moins on en a formulé la demande; des esprits graves s'en sont occupés, et un rapport, abréviateur du temps et des prescriptions, a été préparé et distribué au conseil d'État sur la demande d'un nombre assez considérable de parquets.

Pour mieux entrer dans notre sujet, nous com-mencerons par rappeler ici la juste définition que le conseil d'État a tracée des lettres de réhabilita-tion, par son avis du 21 décembre 1822, approuvé dans le mois de janvier suivant. « Leur effet, est-il « dit textuellement, est de relever le condamné de « toutes les incapacités, soit civiles, soit politiques, « qu'il a encourues. Ces incapacités sont des garan-« ties données par la loi, soit à la société, soit à des

« tiers ; et la *grâce* seule ne saurait le relever de ces
« incapacités. »

La réhabilitation le peut-elle virtuellement et
avec efficacité? Est-il de l'intérêt bien entendu de
la société, est-il de l'intérêt du condamné lui-même
qu'elle le fasse? Les mœurs publiques y gagneront-
elles quelque chose? Le législateur doit-il renverser,
avec une sorte de légèreté, ainsi que nouvellement
on le demande, les barrières jugées presque infranchissables entre la réhabilitation et le forçat libéré?
Enfin, quand l'introduction des *circonstances atténuantes* dans les verdicts a tellement réduit les
cas d'application de la peine de mort, qu'un seul
de nos bagnes a compté cinquante-deux parricides,
est-il sage, est-il moral, de vouloir élargir la voie
par laquelle il serait donné, à de tels hommes, de
rentrer dans la commune dont ils ont été la douleur et le fléau?

Nous concevons la réhabilitation du négociant
et du banquier qui ont passé par les dures néces-
sités d'une faillite; rien que de juste dans l'acte qui
les rend à la société dans l'intégralité de leur honneur. Ils ont réparé le mal qu'ils ont causé. Victimes d'accidents imprévus, ils n'en ont pas moins
satisfait à des engagements onéreux. Devant tous
et un chacun, ils peuvent marcher la tête levée;
c'est un beau titre laissé à leurs enfants : mais le
misérable qui, pour consommer le vol, par lequel
une famille entière est réduite à la mendicité, a
versé le sang ; mais celui qui a égorgé le voyageur
dont il convoitait la dépouille, le parent dont il
enviait l'héritage, qu'auront-ils réparé? Nous vous

le demandons? Ont-ils ordonné au sang versé de retourner au cœur qu'il faisait battre? Évoquant les morts de leurs tombeaux, leur ont-ils dit d'aller consoler la veuve et l'orphelin, rétablis dans l'aisance du foyer domestique? Non! L'incendie a dévoré la maison hospitalière, sans qu'elle puisse sortir de la cendre; l'or du vol a coulé loin de son légitime possesseur; la vierge souillée par un contact impur, si elle survit à sa honte, la cache dans la solitude; le poison et la hache homicide ont gardé leur proie : et vous parlez de rendre, au mouvement d'une société bien réglée, le malheureux sur la conscience duquel de telles infamies pèsent peut-être encore de tout leur poids! Y avez-vous songé? Croyez-vous qu'il soit au pouvoir de la loi d'effacer ainsi la trace du crime, de purifier ce qu'il a sali, et de rappeler le bonheur où il a porté la dévastation?

Le Code d'instruction criminelle de 1808 n'a vu, dans le condamné, que l'individu et non le corps social; il a mis le romantisme dans la loi, et par conséquent, le péril de tous, dans la pitié pour un seul. L'erreur est grande : il ne serait pas sage de l'aggraver. Et d'ailleurs, quel succès pourrait-on s'en promettre? On aura beau vouloir réhabiliter l'homme sorti d'un bagne, fut-ce après vingt ans de la peine acquittée, l'opinion publique l'y replacera toujours, si elle parvient à la connaissance de son acte d'écrou; elle l'y verra toujours la chaîne au pied, le bonnet du galérien sur la tête.

Vous l'avez si bien senti que, regardant comme impraticables les dispositions du Code qui autori-

sent la réhabilitation, vous voulez aujourd'hui de-
rober au grand jour l'instruction dont cet acte de
suprême clémence doit être précédé. Certificat de
bonne conduite depuis la peine soldée, délibéra-
tion des conseils municipaux, avis favorables des
procureurs du roi, entérinement des sentences,
comparution même de l'impétrant, vous souhaitez
désormais que tout reste à peu près dans l'ombre !
Le forfait a été patent; la société en a frémi; outragée,
menacée dans son existence, elle a manifesté son
indignation par la voix retentissante du jury dans
une cour d'assises, par la voix non moins solennelle du magistrat qui l'a présidée; et, aux risques
d'une contradiction manifeste, autant qu'il dépend
de vous, la réparation sera enveloppée de ténèbres !
Vainement encore avons-nous demandé quel sera
le caractère de cette réparation !

De sorte que bientôt personne, au monde, ne
saura à côté de qui il vit, avec qui il contracte, à
qui il va confier l'éducation de son enfant, dans
quels bras il va jeter sa fille.

On aura beau faire, le pays n'acceptera pas le
don qu'une imprudente libéralité lui prépare. En
vain, le Code d'instruction criminelle renferme,
textuellement, une réhabilitation; personne n'en
veut. Les parquets ont jugé la porte trop étroite:
notre opinion est qu'ils l'ouvriraient à deux bat-
tants, que bien peu de libérés répondraient à cet
appel. Ceux-ci redoutent, par un sentiment instinc-
tif, la faveur qui leur est offerte; ils l'évitent comme
si elle publiait à son de trompe l'arrêt qui les a flé-
tris. En cela, leur morale est plus éclairée que ne

l'est celle du Code dont on médite l'imprudente réforme. Ils savent que la société, au sein de laquelle on prétend les introduire, a intérêt à les rejeter par continuation; ils le savent, et ils la voient toute prête à frapper au cœur une seconde fois, et avec une rigueur impitoyable, le malheureux déjà atteint par elle, fût-il rendu, par le repentir, à un état d'innocence!

« Vous convenez ici, nous dira-t-on, d'un grand tort social : souffrez donc qu'on le répare! Des années de bonne conduite ne vous commandent-elles pas d'oublier de rapides instants de délire, causés par une passion dont les plus sages, bien que placés dans des circonstances favorables à la vertu, n'ont pas toujours pu se défendre? Qui donc osera relever la pierre pour en frapper, derechef, l'infortuné auquel le ciel permet de survivre à son long supplice? Qui a le droit terrible, le droit féroce de rester implacable, quand Dieu lui-même, par la sainte parole du Christ, déclare qu'il pardonne au repentir? »

« La société qui veut vivre, répondrons-nous sans hésiter, a ce droit, et elle fera bien de le conserver, puisqu'elle ne saurait changer ses conditions d'existence enracinées dans sa propre nature. Elle ne peut rien sur le passé; l'Éternel, dans sa toute-puissance, essayerait en vain de le réduire au néant; encore moins appartiendrait-il à l'homme de hasarder une excursion sur un domaine où personne ne reportera ses pas. Il faut que ce qui a été infâme, reste infâme. Vous avez assassiné; vous avez ruiné une famille en lui enlevant le fruit d'un

honnête labeur, vous qui ne vouliez pas travailler!
vous l'avez plongée dans une misère qui dure encore par la soustraction violente de ses moyens de
vie; vous l'avez forcée à rougir, en attentant à
l'honneur de la vierge, non encore nubile, qui
croissait à l'ombre du toit paternel, et qui en faisait
déjà la gloire : opprobre donc à vous, pour toujours!
Vous avez corrompu l'épouse fidèle; vous en avez
fait une femme adultère et homicide; sa main a
versé le poison dans la coupe de l'époux : opprobre à vous, pour toujours! De quoi vous plaindriez-
vous? Regardez à vos œuvres! »

On nous crie que le coupable s'est amendé;
qu'une vie de douleur a lavé une vie criminelle;
que ses pleurs, après avoir creusé l'orbite de son
œil, ont coulé sur des joues caves; que, réconcilié
avec son Créateur, il a été admis au pied des autels, à partager avec ses frères le pain eucharisti-
que. Soit! Vous ajoutez qu'un avenir de vertu est
garanti par des mœurs qui ont pour elles les plus
respectables témoignages. Soit encore! Mais Dieu
seul le sait; mais la société, devant laquelle l'avenir
est voilé, a le droit de rester dans le doute, ne fût-
ce que pour l'effroi des passions contemporaines;
elle en a même le devoir. Et comment voudriez-
vous qu'elle consentît à relever ce qu'à juste titre
elle a renversé, à honorer ce qu'elle a marqué de son
dernier mépris, à se mettre en contact avec ce qui
a été publiquement dégradé, et à bâtir sur des rui-
nes avec du bois en pourriture? Votre loi le lui ordonnerait demain, qu'elle la foulerait aux pieds.
En effet, le crime appelle à sa suite une double

expiation; dans l'intérêt de la morale publique, ne lui ôtez pas celle de la vie présente : c'est la honte.

§ III.

Les gouvernements ont tous l'avantage de pouvoir frapper deux sortes de monnaie d'une véritable valeur, toutes deux ayant cours, quoique avec des empreintes diverses, l'une positive, l'autre négative, et toutes deux cependant d'un grand poids dans la conduite des peuples, à la seule condition de ne point prodiguer l'une et de ne jamais altérer la légende sévère de l'autre : on voit, sans qu'il soit besoin d'en avertir, qu'il s'agit ici de l'honneur et de la honte. Qu'on nous permette, à cet égard, quelques réflexions dont l'à-propos sera sensible.

Les principaux publicistes, entre autres Beccaria et l'abbé Morellet qui, par sa traduction, a été le premier à nous le faire connaître en France, ont remarqué, avec raison, que chez une nation qui a conservé des mœurs, la loi peut se dispenser de recourir à des peines extrêmes pour la répression des crimes ; ils ajoutent que, sous cette heureuse influence, il serait possible d'arriver à l'abolition de la peine de mort. Feu Rœderer, dans ses *Considérations sur la peine de mort* (1) (bien qu'à beaucoup d'égards il ait modifié ses opinions et les ait soumises à une réalité pratique, depuis la publication de l'écrit auquel nous allons emprunter quelques lignes), regarde les mœurs comme le plus

_____

(1) Insérées dans le *Journal d'Économie politique.*

puissant auxiliaire de la législation criminelle, si même elles ne la rendent inutile.

« C'est sur les mœurs, dit-il, et les circonstan-« ces politiques d'un État, bien plus que sur ses « lois pénales, que reposent la sûreté et la tran-« quillité des citoyens. Là où les mœurs sont bon-« nes, les lois cruelles sont sans nécessité; là où « les mœurs sont mauvaises, les lois cruelles sont « sans force contre le crime, et, dans tous les cas, « elles sont dangereuses. »

Montesquieu, bien plus précis sur cette matière, entre plus profondément dans le sujet que nous traitons. Après avoir avancé que l'honneur et la vertu (1) sont les deux principaux mobiles de la monarchie et de la république, il ajoute un peu plus loin :

« Suivons la nature qui a donné aux hommes « la honte comme leur fléau; et que la plus grande « partie de la peine soit *l'infamie* de la souffrir (2). »

Nous voudrions savoir maintenant si quelque chose au monde peut relever un être humain de l'infamie, quand elle a été justement encourue? et, en supposant qu'on nous fasse une réponse af-firmative, nous continuerons à demander *s'il est bien, pour un pays,* qu'on y distribue de pareilles lettres de relief?

Qu'il nous soit permis de reculer d'un demi-siècle dans la statistique morale de notre patrie. Jadis, quand un homme était menacé d'être envoyé aux galères (et cette peine s'appliquait bien légèrement,

(1) *Esprit des lois,* liv. VI, ch. IX.
(2) *Idem,* ch. XII.

puisque des contrebandiers de bas étage et de simples braconniers en étaient passibles), l'alarme devenait générale dans la paroisse qui l'avait vu naître. Ses parents de tous degrés frémissaient d'effroi; on évitait de les accoster dans les sentiers limitrophes des fermes, et le ministre du culte seul avait le courage de franchir le seuil de leur porte. De l'état de rumeur, la fatale nouvelle était-elle passée à celui de certitude, le père du malheureux qui avait subi cette flétrissante condamnation, se frappait la poitrine; s'arrachant les cheveux dans son désespoir, il maudissait le fils qui déshonorait sa vieillesse; la mère pardonnait, mais elle mourait de douleur. Ceux qui tenaient, de près ou de loin, à la famille du coupable, ne marchaient plus que les yeux baissés et comme courbés sous le poids de leur humiliation. Si le pasteur, dans la chaire évangélique, leur adressait quelques paroles consolantes, il en trouvait de plus sévères, pour emprunter à l'événement du jour une salutaire leçon; et dans sa sainte terreur, il suppliait la miséricorde divine de détourner, de ses ouailles, les calamités dont il les croyait menacées.

Fût-il alors tombé dans les prévisions d'une tête humaine, que l'être par lequel tout un canton s'était vu plongé dans la douleur, aurait l'audace d'y reparaître et qu'il y reparaîtrait sans ignominie? eût-on jamais supposé qu'il pourrait, un jour, se promener dans le hameau le front découvert, et s'y mêler aux jeux de la jeunesse? Pour peu que nous ayons conservé un souvenir de l'esprit de cette époque, nous serons certains que la loi qui eût

permis au gracié de se produire ainsi au grand soleil, eût semblé à tous une loi de démence. Il se
fût à peine montré, que les jeux eussent cessé; les
bandes les plus animées par le plaisir se fussent
dispersées à son approche, et les mères, dans leur
effroi, eussent ordonné à leurs filles de rentrer
dans les cabanes.

On nous dira que les choses doivent se passer
autrement aujourd'hui; que non-seulement les
fautes sont personnelles, mais qu'une morale plus
épurée et plus en rapport avec les préceptes de
l'Évangile, nous apprend à pardonner ce que Dieu
pardonne; enfin, plus d'un écrivain, sans doute
bien intentionné, s'écriera : «Arrière ces vieux pré-
«jugés! autres temps, autres mœurs. La société
«progresse, ne l'arrêtez pas dans sa marche!» et
qui sait si, pour nous combattre, on ne s'appuiera
pas de l'indulgence accordée aux condamnés politiques ?

Nous aurions trop d'avantages à relever ici un
défaut de parité notoire entre les condamnés politiques et les forçats libérés ou graciés. Nous nous
bornerons à placer, sous les yeux du lecteur, quelques réflexions relatives aux premiers.

Nous n'aurons garde de le dissimuler : ceux-ci
menacent la société d'une manière plus directe;
lorsque cependant elle les traite avec moins de rigueur que les autres, elle ne fait que se montrer
d'accord avec elle-même. Pour n'être ni inconséquente ni injuste, force lui a été d'adopter un système de longanimité, nous serions tenté de dire

5

de mollesse, qui, en se prolongeant, la conduirait
inévitablement à sa perte.

Quelle éducation, dites-le-nous, donne-t-elle à
ses enfants? Quel contre-poids oppose-t-elle aux
passions effervescentes du premier âge? Vous l'ap-
prendrez en pénétrant dans ses écoles primaires et
secondaires, dans ses colléges communaux et
royaux, dans ses institutions salariées à divers titres par les fonds du budget. Examinez à quelles
sortes de connaissances on initie une jeunesse prise
dans tous les rangs de l'ordre social, dans toutes
les positions de fortune! écoutez la doctrine qui,
du haut des chaires, arrive à toutes les oreilles,
pour réveiller dans tous les cœurs une indomptable
ambition! Au milieu des orages prêts à naître, qui
fera entendre le cri du devoir et de la soumission
aux décrets de la Providence? qui rattachera à la
vie future la vie du jour, trop condamnée à de
dures épreuves? Personne! Qui, au contraire, promet à tous une part égale dans la gloire et dans les
richesses? qui, par cela même, sature tous les cer-
veaux de vanité et de cupidité? qui allume, dans
les plus modestes logis, une soif inextinguible de
jouissances? qui offre celles-ci en perspective à
l'adolescent, dans les livres, dans les tableaux,
dans les spectacles, dans le luxe des inventions
perfectionnées? L'enseignement lui-même, nous
osons le dire! Que voulez-vous, en effet, que rêvent
de jeunes imaginations au sortir de vos écoles?
quelles sont les pensées qui y fermentent à la vue
d'un bonheur matériel existant à leurs côtés, mérité ou non, le seul que vous ayez fait connaître à

vos élèves, vers lequel vous avez tendu jusqu'à
rupture leur nerf optique, et que plusieurs ne ces-
seront de poursuivre de leurs désirs impuissants?
enfin, quels seront leurs vœux et leurs tentatives?
Aurions-nous besoin de vous l'apprendre? ne sa-
vez-vous pas, aussi bien que nous, qu'il leur faudra le renversement d'un ordre de choses où presque tous se croient trop inégalement partagés? Le
crime politique est donc devenu votre ouvrage.
Voilà comment, ne fût-ce que par un instinct de
justice, vous êtes réduits à le pardonner... Mais
n'oubliez pas, non plus, que vous ne pouvez marcher longtemps dans cette voie sans vous perdre!
Réformez vos écoles, ou vous périrez par vos écoles!
Le prophète n'a pas dit en vain que celui qui sème
le vent, moissonnera la tempête (1).

Votre indulgence commandée envers les accusés
politiques vous fait courir un péril qui se multi-
plie par l'encouragement indirect donné partout à
la révolte. Une garde nationale formée de citoyens
qui ont le sentiment de leur propre intérêt, une
armée fidèle, une police active confiée à un homme
de bien, des magistrats fermes interprètes de la
loi, enfin la présence du pouvoir dans la grande
cité, théâtre ordinaire des tentatives contre le gouvernement, peuvent, malgré quelques crises inévitables, préserver la société de dissolution. Au
contraire, votre système de réhabilitation, perfec-
tionné au profit des grands criminels, en amènerait
immanquablement la ruine, puisque, s'il était ac-

(1) *Quia ventum seminabunt et turbinem metent.* (Osée,
ch. viii, verset 7.)

5.

cepté par le pays, il achèverait d'en corrompre les
mœurs. Quel est le médecin, en effet, qui ne sache
qu'une résorption continuelle de la matière puru-
lente dans un corps animé, en a bientôt vicié le
sang et les humeurs? elle devient une cause prochaine de mort, à moins qu'on ne lui assure un
écoulement; de là le régime des émonctoires. Les
lois par lesquelles se régit notre existence orga-
nique, s'appliquent également à l'existence morale
d'un peuple. Or, rien de généreux, rien que de bas
et d'égoïste dans les attentats qui peuplent les
bagnes, surtout depuis que l'énoncé des *circonstances atténuantes* a été accordé au jury, en manière
de concession faite à la pitié, qui menaçait de laisser la société sans défense. De lâches assassinats,
des spoliations violentes, des empoisonnements
pour faire la place à des amours adultères, enfin
des actes aussi cruels que honteux, voilà ce qui
précède ordinairement les grandes peines infligées
par la loi. Non, nos pères ne sacrifiaient pas, plus
que nous, à un préjugé, quand ils refusaient le
droit de cité aux hommes, une fois marqués de
cette tache indélébile! Si, à cet égard, leur opinion
ne provenait pas d'une déduction logique, au moins
leur sentiment intérieur n'était pas en défaut. Au
reste, sous le nom de préjugés, que de choses
n'avons-nous pas proscrites, dont la justification
se lirait dans un examen impartial chargé de remonter à leur source! Ce qui tient aux époques,
aux habitudes de la vie et aux formes du système
social, peut tomber impunément avec celles-ci; il
n'en est pas de même de ce qui tient aux mœurs

et à la conscience publique. C'est l'arche du Seigneur; malheur à celui qui y toucherait! il en porterait bientôt la peine, car la loi elle-même viendra toujours se briser contre les principes d'une éternelle justice. Au nombre de ceux-ci, se range l'infamie attachée à certains actes de la dépravation humaine. Vous, qui plaidez pour un système d'indulgence absolue, vous qui, foulant aux pieds plus que le Code d'instruction criminelle, demandez bravement au législateur l'abrogation de l'article en vertu duquel *le condamné, pour récidive, ne soit jamais admis à réhabilitation* (1), avez-vous un moment réfléchi aux conséquences de ce que vous souhaitez? Ce n'est rien moins qu'une réhabilitation indéfinie, à huis clos, et presque clandestine! effectivement, c'est la seule qui soit possible; mais ce serait aussi la mort de toute moralité publique.

Elle aurait donc raison, cette littérature qui, non contente de chercher des héros dans les cours d'assises, les poursuit de ses folles tendresses jusque dans les dépôts fangeux, où le meurtre et l'incendie les ont précipités! A la vue d'une telle aberration, ne serait-on pas tenté de dire à ceux qui courent la carrière du crime, ne seraient-ils pas tentés de dire eux-mêmes à leurs complices : « Volez, assas-
« sinez, violez femmes et vierges, brisez les saints
« tabernacles : le Code criminel qu'on vous prépare,
« vous apprendra pour combien d'années on peut
« faire un bail avec l'infamie, comment, sans trop
« salir son existence, on peut retomber sous la

(1) Code d'instruction criminelle, art. 634, dont le projet du gouvernement demande l'annulation.

« main de la loi, comment on s'en relève, un peu
« d'hypocrisie aidant, et avec quelle facilité vous
« obtiendrez ensuite des brevets d'honneur; car
« nos philanthropes y ont pourvu. Vous rentrerez,
« ainsi que de raison, dans vos droits civils : vous
« serez électeur, vous serez éligible ; qui sait si, à
« la voix de quelque orateur éloquent, le prix Mon-
« tyon ne vous sera pas décerné en séance solen-
« nelle des cinq académies! »

Bon Dieu ! ces idées donnent le frisson. Voilà
cependant où un désir de progrès social mal défini
mène de très-honnêtes gens! voilà où nous veut
pousser la prédilection pour des misérables, qu'à
grands frais on pensionne, avec le projet de les
rendre, le plus tôt possible, à la société dont ils
étaient la terreur! Mais on laissera languir dans
leur détresse des pères de famille laborieux, vivant
à nos côtés, et que des secours, distribués à propos, enlèveraient aux funestes suggestions du besoin! C'est quand le désespoir les aura jetés dans
le crime, qu'on se prendra d'intérêt pour eux !

Toutefois, dans ces contredits moraux, on s'abuse
beaucoup moins que les apparences ne condui-
raient à le croire. MM. les officiers du ministère
public gémissent sur le petit nombre des réhabili-
tations; ils demandent que la poterne n'étant pas
assez large, on ouvre la bastante; c'est une émulation de zèle. Avant de seconder leurs vœux, nous
souhaiterions seulement savoir si, après le repentir
attesté par les témoignages les plus irrécusables, se
montrant conséquents à leur propre doctrine, ils
traiteront le réhabilité en frère; s'ils l'inviteront à

s'asseoir à leur table; s'ils lui tendront la main en signe d'amitié, alors qu'ils le rencontreront sur la voie publique; si, enrichi qu'il serait par des spéculations postérieures à sa peine, ils entendraient, de sang-froid, la demande qu'il leur ferait de conduire leur fille à l'autel?

« Messieurs du parquet, avec un peu de franchise, vous me répliqueriez que vous ne vous sentiriez pas le courage de réaliser ce beau idéal du romantisme moderne; mais, en revanche, vous vous hâteriez d'ajouter que le réhabilité trouverait, chez vous, travail, salaire, abri et protection. Eh bien, moi, je vous dirai, à mon tour : «Ce que vous « ne voulez pas faire en sa faveur, d'autres ne le « feront pas plus que vous. Ce que vous vous enga- « gerez à faire, personne, sans exception, ne le fera. « Fussiez-vous aussi opiniâtres dans votre bonne « volonté que Vincent de Paule dans sa charité chré- « tienne, vous trouverez à vos côtés des obstacles « invincibles. Je vous affirme que vos serviteurs « les plus humbles repousseraient le malheureux « libéré en qualité de commensal. Debout, sur le « seuil de votre porte, prêts qu'ils seraient à secouer « la poussière de leurs pieds, ils vous crieraient « qu'ils ne veulent pas manger du même pain que « cet homme-là, et qu'ils ne coucheront jamais « sous le même toit! Ainsi rien ne nous empêche « de convenir avec vous, pour le moment, des dif- « ficultés d'une réhabilitation. Messieurs du par- « quet, ne vous en affligez pas trop. Soyez assurés « qu'après de saintes croyances, l'un des ressorts « les plus énergiques des mœurs se trouvera tou-

« jours dans la crainte de la honte et dans le désir
« d'une bonne renommée. Si cette monnaie a en-
« core quelque cours, rendez-en grâces au ciel, car
« elle est plus précieuse, pour le gouvernement des
« peuples, que l'or et l'argent qui souvent les cor-
« rompent. Dans le naufrage des vertus publiques,
« cette planche, bien que légère, a encore son prix ;
« et il serait par trop imprudent de nous en des-
« saisir. »

Nous nous flattons d'avoir répondu d'une manière péremptoire à l'argument tiré du repentir du
condamné, en faveur de sa réintégration dans l'ordre
civil. Ayons un peu de foi : ce repentir ne sera pas
perdu devant Dieu. C'est, nous l'espérons, déjà quelque chose ! Il ne sera pas davantage perdu pour le
condamné, dans la vie présente, si la société, de son
côté, accomplit envers lui ses devoirs. Nous allons
les lui rappeler. Puissions-nous tirer de nos en-
trailles des pensées assez pleines de vie et les re-
vêtir de paroles assez pénétrantes, pour décider,
dans le plus bref délai, les grands pouvoirs de l'É-
tat à une mesure dont l'oubli est sans excuses à nos
yeux. Non, nous ne prétendons pas que la fatale
inscription tracée par la plume de fer d'Alghieri (1)
se retrouve sur les portes des bagnes ! Qui sait si la
sévère justice de l'Éternel, qui a le droit d'exiger
une expiation du crime, ira jusqu'à l'inflexible sentence du poëte florentin ? Ce qui est moins douteux,
c'est qu'elle a voulu que l'espérance restât sur la
terre ; elle en a fait même une vertu, et ce n'est

(1) « Vous qui entrez, laissez l'espérance à la porte. » (Le
Dante, liv. I, de l'Enfer.)

pas nous qui l'enlèverons, fût-ce aux plus coupables des hommes!

§ IV.

C'est un crime que d'annoncer à un homme la liberté, après laquelle il soupire, et de le garrotter ensuite de telle manière, qu'il ne puisse user des forces qu'il tient de la nature pour l'amélioration de sa destinée; c'est un crime que de le tirer d'une maison de force et que de lui dire, après les longues années d'un séquestre qui l'a rendu étranger aux mœurs et aux habitudes d'une société renouvelée : « Tu n'as plus de famille; tu es sans feu ni « lieu; on te repoussera de toutes parts; tu ne trou- « veras pas un toit sous lequel tu aies le droit de « goûter le repos d'une nuit, pas un foyer où tu « puisses réchauffer tes membres engourdis par le « froid de l'hiver. Va! je ne veux plus te loger ni « te nourrir, deviens ce que tu pourras; » c'est un crime que de se dire à soi-même : « Ce misérable « sort du bagne, n'ayant autour des reins et sur sa « poitrine que le vêtement de la honte; il ne pos- « sède rien sur la terre que ses bras, mais il n'en « pourra faire usage en les consacrant à un travail « honnête; je le sais; il ne m'importe; je me réserve « de le surveiller. Il lui est impossible de prolonger « son existence autrement que par le vol, je le sais « encore; aussi j'espère que les clôtures seront bien « verrouillées, et que chacun, chez soi, fera bonne « garde; au surplus, j'ai de la gendarmerie à mes « ordres. » C'est un crime que de placer ainsi une créature humaine entre les plus odieux attentats

et la fin d'une vie à la conservation de laquelle la
nature lui crie impérieusement de pourvoir; oui,
c'est un grand crime que de prévoir que le forçat
libéré, devenu le rebut de son espèce, s'il n'a le
courage héroïque de mourir de faim au coin d'une
borne, courage qui manquerait à plus d'un philan-
thrope, vivra de larcins, rançonnera le voyageur
attardé, pénétrera dans les logis par force ou par
ruse, et, s'il rencontre trop d'obstacles, qu'il tuera,
qu'il assassinera, sans épargner ni sexe ni âge,
comme la bête féroce introduite par une brèche
dans un bercail!

Eh bien, ce grand crime, ce crime énorme, le
gouvernement de mon pays le commet sciemment,
tous les jours, depuis des années révolues. Il as-
sume ainsi une terrible responsabilité; car, que
d'angoisses, que de larmes, que de sang versé et de
spoliations ruineuses il eût épargnés à ses sujets, s'il
se fût sérieusement occupé d'un objet qui devait
tenir le premier rang dans les sollicitudes d'une
bonne administration! Nous éprouvons la plus vive
surprise de ce qu'il ne se soit pas encore rencontré
un homme d'État assez pénétré du sentiment de ses
devoirs, pour attaquer efficacement cette plaie sociale; et nous serions tenté de nous demander à
combien de vols et de meurtres on veut qu'arrive
la liste des forfaits, commis par les forçats libérés
ou échappés des bagnes, avant de porter remède à
un désordre aussi affligeant?

A nos yeux, la culpabilité du gouvernement français est flagrante. Chaque famille peut lui demander compte des pertes qu'elle a supportées et des

douleurs dont elle a été la proie; car, en définitive,
que sert-il d'avoir un gouvernement, et pourquoi
se réunit-on en corps de société, si ce n'est pour
se garantir contre de pareils fléaux? Mais non, plutôt que d'y mettre un terme, on préfère nouer des
intrigues, se disputer une popularité de quelques
jours, consumer dans des luttes funestes au pays
des forces qu'il avait droit de réclamer, embarras-
ser l'action du pouvoir, quand on n'a pu le retenir
à soi. Le talent, bon Dieu, l'esprit, sont partout :
mais combien est rare le sentiment du devoir!

Les deux tiers des attentats qui désolent, en
France, un grand nombre de familles et qui épouvantent toutes les autres, sont commis par des forçats échappés des bagnes, ou qui y ont achevé le
temps légal marqué par leur arrêt de condamnation. Le fait est avéré, les registres des cours d'assises en font foi; pour ainsi parler, ce résultat
entre dans les prévisions du pouvoir. C'est un déplorable tribut, c'est une rente que la société con-
sent à payer au crime. Malheur à qui sera chargé
de l'acquitter lors de l'échéance! Ainsi l'Athènes
des temps héroïques se libérait envers le Minotaure
avec la chair de ses enfants; mais au moins elle
rencontra, pour son salut, un Thésée, et, chez
nous, ce rôle n'a tenté encore personne.

Que le gouvernement de la restauration, qui ne
songeait à rien, ne se soit pas occupé de cet objet
capital, nous n'avons mot à dire ; que le gouvernement de juillet qui, il faut en convenir, a songé
à beaucoup de choses, mais qui ne devait pas né-
gliger les plus essentielles, n'ait pas donné à celle-

ci une seule de ses pensées, il y a là de quoi nous
confondre ! Ici se présente pourtant un cas d'urgence, ou il ne s'en montrera jamais dans l'ordre social. Vous allez en juger vous-même.

Après les années prescrites par le Code pénal et
le verdict du jury, vous ouvrez les portes du bagne
devant le forçat : quelle carrière ouvrez-vous en
même temps à son travail et à ses efforts ? Aucune !
toutes, sans exception, lui sont fermées. Manœuvre,
s'il veut que ses deux bras fassent tourner pénible-
ment la roue d'une brouette sur son axe, il faut
qu'il tienne son nom caché, car ce nom révélerait
sa honte. Si le ciel l'a doué de quelque génie, s'il a
des talents, comment les exercera-t-il ? Qui ne sait
que plus la sphère est élevée, plus les déguisements
deviennent impossibles ? Peu de jours se seraient
écoulés, que la note infamante circulerait attachée
à ce nom fatal, devenu pour l'infortuné une robe
de Nessus. En lui voyant un pinceau à la main,
ses rivaux, surtout s'il les surpasse en capacité, ne
lui épargneront l'insulte publique qu'en l'abreuvant
en secret d'outrages. Ils n'auront garde d'oublier
que, chez les Grecs, un décret avait défendu aux
repris de justice de cultiver la peinture. Ce n'est
même qu'assez tard que le travail de la statuaire fut
permis aux esclaves et aux affranchis. C'est à cette
interdiction que ces deux arts durent leur dénomination d'*arts libéraux*.

Cependant, puisque vous avez conservé la vie à
cet homme, il doit employer ses forces à la susten-
ter ; car la volonté de Dieu est que toute vie, dont
il n'a pas encore marqué le terme, se défende et se

prolonge. Dans la rédaction de leurs codes, les législateurs, à l'exception de Moïse, ne se sont pas assez pénétrés de cette nécessité ; ou plutôt, dans cet envahissement universel de tout ce qui a une valeur ici-bas, la crainte de compromettre l'ordre social les a empêchés d'y arrêter leurs regards ; mais cette nécessité n'en existe pas moins ; elle nous talonne aujourd'hui. Aucune prescription ne peut, en effet, éteindre un titre qui selon nous remonte assez haut. Nous citerons, à ce sujet, une bien belle et bien imposante autorité qui, jusqu'ici, si nous ne commettons une erreur, est échappée à l'attention de tous les moralistes.

« Jésus, pendant un jour de sabbat (1), traversant « un champ de blé avec ses disciples, ceux-ci cueil-« lirent des épis, les froissèrent entre les mains et « mangèrent. » Certes il y a là un grand enseigne-ment pour les sociétés et les sages qui se mêlent de les régir. Le Christ ne possédait rien sur la terre ; il avait dit de lui-même : « Les renards ont des ta-« nières, les oiseaux ont des nids où chaque soir « ils se retirent ; mais le Fils de l'homme est venu « en ce monde n'ayant pas où reposer sa tête (2). » Et voilà qu'il justifie ses disciples, pauvres comme lui, et cueillant, pour apaiser leur faim, des épis sur un champ qui ne leur appartient pas ! Ne

(1) *Factum est autem, in sabbato secundo primo, cum trans-iret per sata, vellebant discipuli ejus spicas et manduca-bant, confricantes manibus.* (Évang., St. Luc, ch. VI, v. 1.)

(2) *Vulpes foveas habent, et volucres cœli nidos : Filius au-tem hominis non habet ubi caput reclinet.* (Évang., St. Mat-thieu, ch. VIII, v. 30.)

semble-t-il pas nous apprendre, par cet acte, que
toute créature humaine a droit à l'aliment de la
vie, que la société doit au moins à chacun un travail selon ses forces et la nourriture en échange,
et que telle est la seule sanction raisonnable du
droit de propriété, étendu sur tout ce qui est sai-
sissable ici-bas? Aussi le Christ, LUI, providence uni-
verselle, LUI, maître souverain des moissons arro-
sées par ses pluies, mûries par son soleil, il permet
à ses disciples, dans un besoin pressant, d'user de
la chose d'autrui! Il est également remarquable que
les pharisiens ne trouvèrent à reprendre, en cet
acte, que la circonstance du jour où il se passait;
car, sans doute, l'esprit des mœurs patriarcales
subsistait encore assez, en Israël, pour détourner la
malveillance d'y voir une atteinte à la propriété.
Le garde champêtre aujourd'hui en jugerait autrement : reste à savoir s'il y aurait, dans ce vaste
royaume constitutionnel, un tribunal où son pro-
cès-verbal ne serait pas suivi d'une sentence de
condamnation?

Toujours il est positif que la société, organisée
comme elle l'est, doit le pain, ou le travail par lequel
il se gagne, à l'homme dépourvu de tout autre
moyen d'existence. Si la vie vient d'en haut, s'il
n'est accordé à personne, hors les cas de péril public
ou individuel, de la ravir à l'être humain qui en a
été mis en possession, s'il lui est interdit à lui-même
d'attenter à ses jours, la société doit tenir à la portée
de chacun, sous la réserve d'une part contributive
de labeur, ce qui est nécessaire à la conservation
de ce don du ciel. Dès qu'elle s'affranchit de ce

devoir, elle rompt le pacte convenu. Le crime qui suit cet oubli retombera sur elle ; et c'est contre elle qu'au grand jour de la justice (jour moins éloigné que les nations ne le croient) le sang versé criera vengeance. Disons-le hardiment : aux yeux de Dieu le forçat en récidive n'a souvent été que l'instrument d'une nécessité créée par notre coupable insouciance. On a fini par le traîner à l'échafaud ; mais le crime, en premier lieu, est ailleurs ; il remonte plus haut, et il réagira plus haut.

§ V.

Est-ce une énigme qu'en manière de défi nous aurions jetée dans le public? est-ce un problème d'une difficulté ardue que nous lui aurions donné à résoudre? Mon Dieu, non ! Le mot de cette énigme est trouvé, et la solution de ce prétendu problème, devant laquelle reculent nos législateurs, se présente naturellement à l'esprit. En deux mots, dans un intérêt général, comme dans son propre intérêt, le forçat libéré ou gracié ne doit plus vivre sur le continent français.

L'honneur est une plante délicate et fragile. Dès qu'une fois elle a péri quelque part, elle ne peut plus croître dans le même local. Vainement on essayerait de l'y semer encore, sa fleur se flétrirait au moindre souffle ; il suffirait de la parole d'un passant pour lui porter une mortelle atteinte. Il lui faut une terre vierge, un autre soleil, un autre climat. C'est là seulement qu'elle sera transplantée avec un espoir de succès, et qu'elle enfoncera encore dans le sol des racines vivaces. La vertu elle-même, pour renaître au cœur de l'homme, demande un renouvellement de mœurs; elle succomberait derechef sous l'influence des anciennes habitudes. Car il en est des maladies morales comme de certaines maladies du corps; et l'âme n'obtient aussi son retour à la santé que par un changement d'hygiène et de régime. Les poitrines délicates sont envoyées en Italie; les consciences battues par l'orage des passions veulent aussi un changement de zone.

Jadis, pour les coupables d'une sphère élevée, il existait en France de pieux asiles où ils pouvaient, sinon expier leurs fautes, au moins les pleurer, et, par un repentir sincère, s'y préparer des droits à la clémence divine. Les cloîtres se sont fermés devant l'homme criminel. La suppression des communautés religieuses rend encore plus nécessaire un établissement assez lointain pour que les regards du condamné ne se dirigent pas trop souvent vers l'ancienne patrie, assez en rapport avec celle-ci pour qu'il ne se croie pas absolument abandonné, par elle, dans la nouvelle patrie qu'il va se faire.

Cet établissement doit être essentiellement agricole. Le propre des travaux de la campagne est de placer, sans cesse, une créature aussi intelligente que l'homme en présence des œuvres admirables du Tout-Puissant. L'ordre des saisons, les récoltes qu'elles ramènent, les phénomènes divers de la nature, et jusqu'aux tempêtes, par lesquelles elle semble déroger un moment à ses lois, tout nous y rappelle à la grande pensée créatrice et conservatrice. En face du cultivateur point de coup de théâtre, point de ces jeux de fortune faits pour tenter les consciences! Chaque événement pour lui a sa marche graduelle et progressive; chaque production vient en son temps; elle est le fruit des soins et du travail. Le hasard n'a rien à voir là, et l'on finit par y apprendre, au milieu de toutes les phases de croissances et de destructions, que, bornée sur ce séjour de transition terrestre, la vie a reçu de la volonté souveraine une destination ultérieure. Il est bien difficile d'être athée à la campagne. Le sens le plus détourné de la vraie voie s'y rectifie; le cœur le plus corrompu s'y assainit avec l'air qu'on y respire. Nous défierions le malheureux auquel on aura donné une cabane, un terrain contigu de deux ou trois arpents, des grains pour l'ensemencer, des instruments de labour, quelques animaux domestiques et une provision de vivres suffisants pour attendre la prochaine récolte, oui, nous le défierions de ne pas devenir meilleur! Les travaux de manufactures démoralisent l'homme. Cette triste vérité n'est que trop prouvée. Notre espèce n'est pas faite pour bâtir sans fin, à la manière des castors; nous n'avons pas été destinés à filer éternellement comme l'araignée et le ver à soie. La monotonie de pareilles occupations ne se borne pas à transformer le corps en machine soumise à des mouvements isochrones et réguliers. Ou elle enlève à l'âme toute énergie native; ou, la forçant de se replier sans cesse sur elle-même, elle y suscite mille désirs désordonnés. Dans la concentration des grandes villes, ces désirs naissent bientôt à la vue d'un bonheur dont l'éclat éblouit, dont on s'exagère le charme, et dont, avec une secrète irritation, on se juge pour autrui le vil instrument. L'extrême division de la main-d'œuvre est sans doute favorable à la production. A l'avantage d'économiser le temps, elle joint celui de rendre le travail plus facile, et de maintenir, par sa perfection, dans un heureux équilibre, la balance commerciale entre deux pays. Nous n'en faisons nul doute; mais on nous accordera aussi qu'elle est une grande cause d'immoralité sur la terre.

La variété des travaux auxquels l'agriculteur est obligé de se livrer, quelque borné que soit son domaine, agrandit au contraire la sphère de ses idées. Ceux-ci ont cela de particulier qu'en occupant l'esprit, ils apaisent l'âme sans la jeter dans un état de marasme. Vrai sédatif de nos passions, ils les calment, mais ne nous assoupissent pas. Tour à tour un peu menuisier, un peu maçon ou charpentier suivant ses besoins, tantôt laboureur ou vendangeur, le même homme, pendant une révolution entière de soleil, aura parcouru un cercle de douces espérances presque toujours réalisées. A ces biens, ajoutez celui de vivre en famille. Qu'il devienne époux, qu'il devienne père, et le voilà rentré dans la morale! le voilà même rendu à la vertu, qui n'est que le respect des rapports sociaux! Donnez-lui pour voisins des gens qui, coupables comme lui, auront reçu de votre pitié prévoyante le même bienfait, vous le verrez vivre en paix avec l'univers. Ainsi une investigation méchamment curieuse ne viendra plus attacher à son front le nom redouté de galérien ; ainsi une sagesse, peut-être trop superbe puisqu'elle n'a pas subi d'épreuves, ne l'accablera plus de ses mépris. Réconcilié avec lui-même, il ne tardera pas à l'être avec le ciel. En possession de sa propre estime, il aura droit à celle d'autrui, il le sentira : vous en ferez à volonté, dans cette nouvelle patrie, un commissaire de police, un conseiller municipal, un juge de paix, ou un commandant de garde nationale.

Vous nous avez demandé, pour le forçat libéré, une réhabilitation plus facile que celle dont la formule existe dans le Code d'instruction criminelle ; jugeant excessives les précautions prises par le législateur, et qui ne sont qu'impraticables, à peu de chose près, vous avez voulu les anéantir. De grâce, apprenez-nous à quoi vous pourriez vous flatter d'arriver en versant, chaque année, vos grands criminels au sein d'une société qui les repousse ? Tout au plus, dirons-nous pour vous, à corrompre entièrement celle-ci, si elle se prêtait à vos désirs. Nous vous avons prouvé que ce serait son arrêt de mort. Il ne resterait plus en effet qu'à jeter sur elle le linceul. Certes, nous vous offrons quelque chose de meilleur, et surtout de plus humain.

Au lieu d'une réhabilitation toujours douteuse et d'un caractère équivoque, dans notre système le condamné en obtiendra deux bien réelles : d'abord celle de la religion, à laquelle il aura été ramené par la nature, le plus persuasif des missionnaires ; ensuite, celle du pays où vous l'aurez transplanté. Les moyens d'exécution, vous les avez tous sous la main. Quoi! vous êtes en possession de plusieurs

6.

Antilles ; vous avez conquis à prix d'or et de sang l'Algérie ; Cayenne, dans son isolement presque providentiel, s'offre à vous, et sur ces plages immenses de l'Amérique et de l'Afrique, vous ne pourriez disposer d'un territoire suffisant aux besoins de quelques malheureux, corrompus par les vices de votre société, contre laquelle ils réagiront sans cesse, en dépit de vos parquets et de vos gendarmes ! Voyez donc à quel degré de misère extrême est réduite, à vos côtés, une portion de l'espèce humaine ! Voyez à quel degré d'immoralité, dans ce siècle progressif, plusieurs de vos semblables sont descendus ! Aucune force terrestre ne pouvant plus les en relever, n'est-il pas évident qu'il vous faut un émonctoire ? L'humanité et votre propre intérêt vous le demandent. Vous en coutât-il trois ou quatre millions par chaque année, cet argent ne serait pas à regretter. L'Algérie vous a bien dévoré un demi-milliard en dix ans, et, à ce haut prix, vous n'avez acheté qu'une guerre éternelle ! Une guerre intestine travaille aussi la France ; la société ne cesse d'y être en lutte avec le crime émérite ; trente mille gendarmes ou gardes municipaux y sont employés ; vous le savez, la centième partie de ce que vous dépensez de l'autre côté de la Méditerranée, suffirait pour mettre un terme au combat, et vous balanceriez quand il s'agit d'assurer la paix de votre intérieur ? Oh ! ce serait le comble de l'ineptie ou celui de la malveillance ! N'oubliez pas qu'il n'est pas une de vos émeutes, où des échappés de bagne ne descendent dans la rue pour attaquer de front votre ordre public ?

L'autocrate russe a sa Sibérie pour ses condamnés, nous vous demandons pour les vôtres quelque chose de mieux. La Grande-Bretagne a son
Botany-Bay, ou plutôt son fort Jackson : prenez
modèle sur cet établissement, et croyez que, quand
vous aurez réalisé quelque chose de semblable,
vous aurez bien mérité de Dieu et des hommes.
Ignorez-vous que l'instinct du bien est naturel à
notre espèce, et qu'il se manifeste en nous par le
simple accomplissement de nos devoirs? Nous parlons de ceux-là dont, dans une situation normale,
il nous est impossible de nous affranchir. Nous
n'en citerons qu'une preuve : en 1836, nous arri-
vâmes à Boulogne-sur-Mer quelque temps après le
naufrage d'un navire anglais chargé de femmes destinées au fort Jackson. Le souvenir en était récent,
le récit dans toutes les bouches. La tempête avait
été épouvantable. Ces malheureuses, enlevées à
la boue de Londres, périrent au nombre de plus
de quatre-vingts. Parmi les cadavres jetés par les
flots sur la grève, il s'en trouva deux ou trois de
jeunes femmes qui tenaient collés contre leur sein
des enfants en bas âge. Aux approches du trépas,
elles n'avaient pas cessé d'être mères; c'était une
répétition de la pensée déposée par le Poussin
dans son poétique tableau du déluge. Lorsque la
nature parle avec ce degré de force, croyez-vous
qu'arrivées à Botany-Bay, ces pauvres créatures,
tombées aux mains d'un homme soustrait à ses
habitudes vicieuses, ne seraient pas devenues de
sages épouses? Croyez-vous qu'elles n'auraient pas
été de bonnes femmes de ménage? Soyez-en per-

suadés, votre système pénitentiaire, votre système d'isolement et tous autres que vos philanthropes pourraient imaginer pour leur plus grande gloire, ne vaudront jamais ce que nous pouvons attendre de l'œuvre de Dieu rendue à elle-même, avec la seule précaution de l'éloigner du terrain fangeux où elle s'est salie par ses chutes.

Il sera grand à jamais le ministre qui, appliquant à cette création un esprit éclairé et une volonté ferme, en aura fait le présent à son pays! il méritera que le ciseau enfonce son nom dans le marbre, et que ses traits, reproduits par l'airain, revivent sur l'un des socles qui décorent nos places publiques! S'il appartient déjà aux conseils du roi, si, après avoir conçu cette pensée, il l'a nourrie en lui-même dans un esprit de religion et d'humanité, daigne le ciel prolonger ses jours jusqu'à l'accomplissement de son œuvre! Dans le cas où cet homme de bien ne serait pas encore arrivé au pouvoir, puisse la sagesse connue du monarque le rencontrer quelque part, l'inspirer et le presser de consacrer ses veilles à ce correctif indispensable de l'une de nos plus grandes misères!

Ainsi, tous deux, le prince et le ministre, s'assureront des droits immortels à la reconnaissance de leur pays. Non-seulement ils auront guéri une plaie hideuse; mais si l'abolition de la peine de mort devient jamais possible en France, ils auront encore hâté le moment où il sera permis au sage de l'entrevoir. Comme nous l'avons annoncé dès notre début, nous ne poserons pas la plume sans avoir hasardé, dans cet écrit, quelques réflexions sur cette peine bien terrible, puisqu'elle met violemment la créature en présence de son Créateur!

§ VI.

C'est un sujet que nous avons controversé dans une production assez récente; nous le voulûmes envisager sous toutes ses faces, et notre examen fut impartial. Mais nous nous gardâmes de trancher la question, car elle est plus complexe qu'elle ne semble l'être au premier aspect. On risquerait, en effet, de commettre une fâcheuse erreur en l'isolant de l'état moral et religieux dans lequel se trouve une société. Le caractère national, sa gravité réfléchie, ou sa légère mobilité, commandent au législateur d'attaquer les transgressions coupables par des impressions plus ou moins fortes. Il doit avoir égard à la répartition des fortunes, n'oubliant pas que les atteintes à celles-ci sont moins à réprimer que celles qui touchent aux personnes. Le degré de respect accordé à la paternité, à la vieillesse, aux liens de famille, aux femmes, aux lois et aux diverses magistratures, entrera en ligne de compte. Il convient encore de savoir quelle action le sentiment de l'honneur, par conséquent celui de la honte, peuvent exercer sur les esprits. C'est avec toutes ces données qu'il est seulement permis d'entrer dans un code pénal; enfin c'est une question de temps et de mœurs.

Il est peu de feuilles périodiques, peu de discours, où l'on ne nous entretienne de la route progressive dans laquelle le genre humain marche à grands pas. Sous ce rapport, comme de raison, notre amour-propre met la France à l'avant-garde des autres peuples. De ceux-ci, nous n'avons rien à dire pour le moment présent. La perfection à laquelle certains de nos arts sont parvenus, et l'importance de nos découvertes dans les sciences usuelles de la vie, ne trouveront point en nous de contradicteur; nous conviendrons même d'une certaine hardiesse introduite dans le style, toutefois plus chatoyant qu'il ne brille par la nouveauté de la pensée, bien qu'en osant beaucoup, il soit naturel que l'écrivain rencontre quelque chose. Mais de ces conquêtes, dont nous regretterions d'atténuer la valeur, est-il résulté une amélioration réelle dans notre état moral? Nous ne le croyons pas. Ruiné par des publications irréfléchies, si elles ne sont intentionnellement coupables, le sentiment religieux est en perte jusqu'au sein des hameaux. Que l'on tourne les regards vers les cités : le sentiment de l'honneur attiédi a cessé d'y occuper une place dans les formules du langage; on le renvoie comme une duperie, aux niais d'une société en quête, uniquement, de jouissances sensuelles et de l'or qui les assure. Les mœurs, certes, ne se sont pas adoucies chez les classes inférieures! Nous ne ferons le peuple ni meilleur, ni plus méchant qu'il n'est; mais nous ne saurions oublier qu'en 1831, il voulait égorger de sa propre main les ministres de Charles X, et que quinze mois plus tard, à l'occasion du choléra, sans enquête et sans jugement, il immolait six ou sept victimes innocentes à sa stupide fureur.

On nous objecte qu'il faut imputer ces actes de démence frénétique au défaut d'instruction, et que l'enseignement est aujourd'hui tellement popularisé, que de pareils malheurs ne se renouvelleront plus.

Hélas! nous craignons que l'on ne s'abuse encore. Car, cette instruction, devant laquelle nous nous inclinerions si elle avait sa vraie base, pèche presque universellement par le défaut de croyances religieuses. De grands crimes se commettent fréquemment; il serait superflu de les énumérer : remarquez que presque toujours leurs auteurs, s'ils ne sont versés dans les lettres humaines, ont acquis toutes les notions élémentaires en usage dans le commerce social. Du reste, jamais les écoles n'ont été aussi multipliées, jamais l'enseignement n'a été plus encouragé qu'aujourd'hui. Partout des concours, des distributions solennelles de prix, des couronnes, des lauréats comblés de faveurs, glorifiés pour un croquis, pour une statuette, pour une version latine ou française, comme s'ils avaient sauvé la patrie.

L'émulation est poussée et surexcitée à un tel point, que nous en concevons un juste effroi. Il n'est pas d'enfant auquel on ne crie : « Sois le premier. » On ne songe pas que, sur cinquante élèves, il faudra qu'il en foule aux pieds quarante-neuf, et que ces quarante-neuf ne verront plus leur vainqueur du même œil. Les espérances satisfaites des uns les mènent à l'orgueil et à la présomption; l'attente trompée des autres les conduit à l'envie, qui est bien voisine de la haine.

Et voilà les sentiments que l'on risque d'inoculer, au cœur de ces créatures, dès l'âge de leur innocence, en dépit des préceptes déposés dans le livre de leur foi religieuse! Montaigne, J. J. Rousseau et Bernardin de Saint-Pierre avaient cherché à nous prémunir contre ce péril. Je ne sache pas qu'ils aient été encore mis au ban de la philosophie française. Pourtant, autant de pages à déchirer dans leurs écrits, si l'on continue à tendre, avec une sorte de violence, ce ressort de l'émulation, trempé déjà par excès.

N'exagérons rien : ce moyen d'instruction, pourvu qu'on n'en abuse pas, a son utilité, dès qu'on en borne l'emploi aux premières années de la vie. Mais que peut-on en attendre, lorsqu'on l'applique à des adultes, même à des êtres en possession de toutes leurs facultés viriles et dont les artères bondissent, pour ainsi dire, sous les rapides pulsations d'un sang sulfureux? Remarquez qu'il ne s'agit plus de stimuler, vers des études un peu arides, le zèle d'une enfance parfois trop indolente : c'est aujourd'hui à l'homme dans toute son énergie que l'on en veut; c'est lui que l'on pousse vers un rival; c'est à lui que l'on commande de prendre un adversaire corps à corps. Pour le constituer dans une sorte d'éréthisme, on fait bouillonner son amour-propre; on l'exalte, comme la vapeur dans une machine locomotive. C'est peu que de lui montrer le triomphe en perspective; toutes les trompettes de la renommée sonneront à ses oreilles; le grand jour lui sera annoncé à l'avance avec toutes ses pompes et tous les avantages attachés au succès. Nous nous trompons : l'ordonnance royale qui établit des concours dans les écoles de droit, où l'étudiant touche au moins à la virilité, s'il ne l'a atteinte, n'a pas été elle-même dans le secret de tout ce qu'elle contient de promesses; nous allons vous l'apprendre.

En multipliant ces luttes, en fondant tant de prix et en tressant tant de couronnes, vous contractez (ou nous nous trompons fort) un immense engagement envers des lauréats qui ne sont plus imberbes : c'est celui de leur livrer tous les emplois publics, oui, tous, quelle que soit la moralité des vainqueurs, quelle que soit leur capacité réelle, souvent mal prouvée par le succès d'un concours! Vos désirs seront comblés : nous n'en doutons pas, des talents vont surgir de toutes parts; mais croyez-vous qu'ils consentent à s'éclipser, après avoir brillé un instant? certes, aucun ne voudra mettre la lumière sous le boisseau. Voilà bien des flambeaux allumés d'une extrémité de la France à l'autre; prenez garde à l'incendie!

Une chose à laquelle vous devez vous attendre, c'est que toutes ces supériorités, hautement proclamées, leurs palmes à la main, vous demanderont une pâture. Si la gloire est flatteuse, elle est d'une digestion bien facile : suivant une expression consacrée, il leur faudra leur part de rosée et de soleil. Car vous ne supposerez pas qu'après avoir goûté au fruit de l'arbre de la science, comme l'Adam de la Genèse, tous ces génies couronnés ne veuillent devenir semblables aux dieux de la terre. Vous comptez sur votre esprit de discernement et

le péril sera évité. Vous ferez de bons choix; vous
n'appellerez aux chaires de professeurs et aux fonctions éminentes de la magistrature et de l'administration, que des intelligences réglées par un sens
droit et d'une moralité éprouvée; nous le suppo-
sons! Eh bien, ce sont les médiocrités éconduites
qui s'agiteront le plus violemment autour de vous,
qui se diront non comprises, qui se diront mé-
connues dans leur mérite. Gouvernement, vous
n'avez pas des emplois à donner à tout le monde:
à coup sûr, les exclus deviendront vos ennemis.
Ils envieront tout à ceux que des distributions,
nécessairement inégales, auront favorisés. Le possesseur d'une fortune acquise par son propre travail ou par celui de ses pères, n'est-il pas obligé
de se faire pardonner son hôtel, son château, son
équipage, son nombreux domestique et jusqu'à la
femme bien née, dont la présence ajoute à son
bonheur? A vos protégés, on ne pardonnera rien!
En enlevant la jeunesse aux professions vers lesquelles la Providence l'avait dirigée, en allumant
partout une soif immodérée de jouissances, vous
aurez excité partout une cupidité qui ne s'arrêtera
devant aucun obstacle. La société aura à vous re-
procher d'avoir mis dans son sein des artisans de
troubles et de discordes. Tout changement leur
sera bon; toute émeute, quel qu'en soit le drapeau,
les trouvera. Si de tant d'éléments de désordre, il
ne sort pas une crise politique, les passions auront recours aux crimes isolés. Vous eussiez dû le
prévoir: quand le musicien Lisst pose le doigt sur
la touche d'un clavier, il sait quel son rendra la

corde avec laquelle elle communique; avant de ré-
glementer les peuples, le premier devoir du législateur est d'interroger le clavier sonore du cœur
humain; c'est ce que vous avez oublié. Les grandes
plaies de la France, au moment où nous tenons
la plume, sont l'envie et la cupidité; l'incendie
nous gagne, et vous y jetez de l'huile.

Le sujet dont nous nous sommes consciencieusement occupé, est d'une telle importance, que
nous devons prévoir les objections auxquelles nous
allons donner lieu. On se récriera peut-être sur ce
que nous nous effrayons d'une mesure qui, n'ayant
d'autre but que d'activer les études des hommes
destinés à des fonctions supérieures, est appliquée
à presque toutes les branches du service public.
« Voyez, nous dira-t-on, le soldat : on provoque
« son courage par des promotions dans l'armée et
« des grades dans la Légion d'honneur. Il en est
« ainsi du jeune légiste : du parquet, où il s'efforce
« de briller parmi ses rivaux, il aspire à entrer
« dans la magistrature assise; le lieutenant de fré-
« gate souhaite qu'on le nomme capitaine de cor-
« vette; après avoir administré un arrondissement
« avec talent, les vœux d'un auditeur au conseil
« d'État le portent vers une préfecture; il n'y a pas
« jusqu'au ministre des autels qui, dans son abné-
« gation évangélique, ne tourne quelquefois ses
« regards vers un chef-lieu diocésain, pour les y
« arrêter sur une stalle de chanoine, ou même, ne
« fût-ce qu'en songe, sur un siége épiscopal. Vous
« le voyez, l'émulation est partout. »

D'après cet exposé, nous serions tenté de répondre :

Bon Dieu ! ne trouvez-vous donc pas que, dans un ordre de société ainsi constitué, il y ait assez de stimulants pour le zèle des fonctionnaires ? Convient-il d'éperonner sans fin les amours-propres, comme s'il s'agissait d'une malheureuse monture de laquelle on voudrait obtenir quatre lieues à l'heure ? Ces excitations continuelles doivent, en définitive, altérer la moralité de l'espèce humaine ; et suivant nous, ce n'est pas un mince inconvénient que de demander tout à l'intérêt personnel et rien au sentiment du devoir. Mais il y a autre chose à dire ici ; car les objections, que nous avons prévues, tourneraient elles-mêmes contre leur auteur.

En effet, les divers modes d'avancement cités font partie de l'ordre public ; ils assurent un service régulier dont le mouvement est surveillé par une hiérarchie ascendante, dans laquelle chacun peut s'avancer sans renverser personne, sans froisser ou briser des existences. Point d'autre arène que celle du poste assigné déjà par la patrie ; point de lutte entre les individus, ou d'appareil de science au moins vaniteuse, quand elle n'est pas mensongère. Les actes et les faits parlent ; le public écoute et juge. Par exemple, dans l'armée de terre et de mer, il existe une émulation dépourvue de tout inconvénient. Nous la voyons s'exercer au seul profit de l'État. Par le respect de la discipline, elle assure la fidèle exécution du commandement ; par l'étude, elle promet que l'habileté de l'intelligence dirigera la force du bras ; par le courage devant l'ennemi, elle couvre d'un bouclier l'indépendance nationale ; par le poli des mœurs, elle devient un gage

de sécurité pour les citoyens. Au contraire, la fatale
émulation que vous surexcitez chez des êtres parvenus à l'âge viril, les porte à convoiter les postes
éminents de l'État comme une proie. Nécessairement elle réagira contre la société, impuissante à
contenter tous les désirs. Pour quelques passions
nobles qui surnageront dans ce désordre, vous
aurez déchaîné mille passions basses et haineuses.
En créant des besoins que vous ne satisferez pas,
vous aurez préparé une excuse à la violence, au
crime même. Ainsi, personne n'a oublié que le
chancelier de France, interrogeant un très-jeune
accusé de mai 1838, devant la pairie, et lui demandant pourquoi il s'était éloigné de la maison
paternelle, celui-ci lui répondit : « Qu'aurai-je fait
« chez mon père, qui ne voulait pas me laisser sor-
« tir de ma classe? » Nous le disons avec douleur,
cette cause perturbatrice existera longtemps parmi
nous, si on n'attaque le mal à sa racine, autrement, si on ne change le système de l'éducation
publique. Au reste, ce langage n'est pas nouveau
dans notre bouche. Il était le nôtre sous le règne
de Charles X; nous ne voyons, moins que jamais,
pourquoi nous le changerions aujourd'hui.

§ VII.

Nous passerons rapidement en revue les parties
défectueuses de la vie intime, bien qu'elles aient
une fâcheuse influence sur tout intérieur domestique. Personne n'ignore que le respect pour les
vieillards, jadis érigé partout en religion, chez

nous est nul, qu'on leur impute même à tort de
vivre, que l'autorité paternelle est presque généralement méconnue, qu'on apprend du grec, du
latin, toutes les langues parlées de l'Europe, même
le slave, les mathématiques, la botanique, la chimie, l'anatomie comparée ou non, la physiologie
et les neuf codes dans les colléges et les écoles de
droit et de médecine, mais qu'on en sort très-peu
familiarisé avec la religion de nos pères : heureux
encore les élèves qui n'en rapportent pas des notions négatives sur les vérités les plus importantes
à la moralité humaine! L'esprit de famille s'est
éteint; plus d'intérêt à la transmission des noms
et des biens; à peine se croit-on parents au premier degré. Tous les jours on déshérite ses proches,
fussent-ils dans l'indigence, au profit des établis-
sements publics de toutes couleurs, et souvent
pour la seule satisfaction de fonder des prix dans
une académie. C'est de la philanthropie, du moins
on l'assure; mais le conseil d'État, auquel la loi
confie l'examen et l'enregistrement de ces dons, a
pu remarquer que les donations sont bien peu
nombreuses, et que les dispositions considérables
de capitaux se font par voie testamentaire. Ceci
mérite d'être noté. En effet, par la donation, on se
dépouille dès son vivant, ce qui, certes, n'est pas
sans mérite; par le legs, on dépouille autrui sans
se priver soi-même, c'est-à-dire que l'on n'aime pas
beaucoup les pauvres ou les académies, auxquelles
on fournit largement l'occasion de discourir, et
qu'on aime encore moins d'obscurs parents laissés
à leur misère. Ce que l'on y gagne, c'est d'être

prôné quelque part une fois l'an, ou d'avoir son nom écrit en lettres d'or sur un vestibule. Cela se faisait jadis, nous dira-t-on : nous en convenons, mais pas avec cette abondance et cette richesse d'insensibilité qui est le caractère de ce siècle hypocrite! Ainsi, de l'égoïsme pendant la vie, de l'égoïsme après la mort, telle est la raison suprême d'une génération qui se proclame dans la voie du progrès.

On a dit que les religions et les rois s'en allaient; on pourrait y comprendre la société française, si Dieu n'y met ordre, car tous ses liens sont relâchés. Elle n'est plus composée que d'unités éparses, qu'aucun grand intérêt moral ne relie. En quête de jouissances matérielles, l'individualisme y trône tout en parlant de bonheur universel. Il est fort heureux que le crime, par son essence, soit peu utile, et qu'en réalité même nos calculateurs l'aient reconnu nuisible à celui qui le commet, sans quoi il aurait partout des autels, et alors il ne resterait plus qu'à jeter sur nous le drap mortuaire.

Nous voyons des passions partout, et des points d'arrêt nulle part. Chacun aspire à une vie luxueuse, telle que les arts perfectionnés, ce que nous n'avons garde de nier, la donnent aujourd'hui. Les besoins se multiplient, l'immoralité s'accroît avec eux, mais non le moyen de les satisfaire. Il est donc à présumer qu'à travers tant de désappointements inévitables, il se commettra pendant longtemps de grands crimes. Or, pour ceux-ci il faudra des châtiments; non que la société se venge, mais elle punit pour se conserver, en imprimant aux vices un salutaire

BIBLIOTHEQUE ROYALE

effroi. Car les peines, alors même qu'elles sont ap-
pliquées, sont encore plus comminatoires que personnelles. Les lois, il est vrai, ne sanctifient pas
l'homme; c'est de plus haut que lui arrive la pensée du bien; mais elles retiennent en lui ce qu'un
mauvais penchant tend à produire au dehors, et
c'est beaucoup, surtout quand tous les autres freins
sont rompus. Si, à ces attentats hors de ligne qui,
comme un coup de foudre, viennent consterner
tout un pays, la justice terrestre ne répond pas par
une sentence de mort, quelle que soit d'ailleurs la
peine infligée en conséquence du verdict, le peuple
croit à l'impunité. Les journaux, en effet, ont remarqué, dans les années précédentes, que, prévoyant
les arrêts émanés de la cour des pairs et soumis à
la prérogative royale, le public avait cessé d'y attacher aucun intérêt.

Il est pénible, il est douloureux d'avouer que
nous avons fait et que nous continuons de faire
tout ce qui peut, en France, prolonger sur les pages
de notre code la durée de la peine de mort. Si on
veut qu'elle soit de quelque effet, il est bien important qu'elle soit rarement appliquée, et surtout
qu'elle soit réservée aux crimes commis contre les
personnes et contre l'ensemble des citoyens. Ainsi,
au moins dans certains cas, la société chez nous est
réduite à garder un pouvoir souverain sur la vie
de ses membres, et nous croyons qu'à beaucoup
d'égards la philanthropie française ne saurait en décliner la faute. Elle a tant parlé de la suppression
de la peine de mort, elle l'a tellement réclamée à
hauts cris et à son de trompe, même quand le sang

des plus honnêtes pères de famille rougissait le pavé de nos rues, que sans que ce terrible châtiment ait été effacé du code, les malfaiteurs ont cessé d'y avoir foi. Ils savent fort bien qu'à la suite de ces déclamations irréfléchies, il n'y a pas de jury auquel il ne répugne de l'appliquer, et les verdicts ont cessé d'être un épouvantail. Les travaux forcés, dans des prévisions fondées sur une adresse émérite, faute d'un Botany-Bay, ne sont plus qu'un lieu de passage, qu'un repos ou une paisible retraite de quelques jours, d'où il résulte qu'à l'heure présente la société est entièrement désarmée. Dans ces derniers temps, un procureur général nous entretenait d'une femme chargée d'un grand crime, et contre laquelle on venait de formuler la peine capitale; elle approcha du magistrat en lui disant : « Mon- « sieur le juge, certainement il y a erreur dans ma « condamnation, car on m'avait assuré que la peine « de mort était abolie. »

Les scélérats, a-t-on prétendu, ne la craignent pas : c'est une erreur. A une faible exception près, il n'est pas de créatures humaines qui ne tremblent à l'approche du coup destiné à opérer, dans leur être, un si immense changement. Dût-il, par la pensée, s'enfoncer dans le gouffre du néant, le coupable ne pourra s'empêcher de frémir en soi-même. Mais cette épouvantable foi dans une complète destruction n'aura jamais, pour lui, rien de ferme et d'arrêté. Toujours elle se couvrira de voiles, toujours elle s'enveloppera de ces sortes de ténèbres visibles, à travers lesquelles l'inconnu apparaît et se dresse comme un fantôme menaçant; d'où il

7.

suit que le simple état de doute serait encore acca-
blant pour celui qui n'aurait pas, de tous ses
moyens, rangé les chances d'avenir de son côté. Le
juste lui-même, prêt à se rendre à l'appel de son
Dieu, ressent un saint effroi. L'assassin, l'incen-
diaire, le traître à son pays, le parricide, le mani-
pulateur de poisons, mentent s'ils se vantent de ne
pas appréhender le couteau fatal; et la preuve, c'est
qu'ils ne négligent rien de ce qui peut soustraire
leurs têtes à son tranchant. On a beau entasser
crime sur crime, on a beau se faire monstre; comme
le tigre et la panthère, on tient à la vie, et, comme
eux, on la défend, car telle est la loi de nature.

§ VIII.

Il nous reste à entrer dans la partie la plus délicate de la tâche que nous avons acceptée. Nous allons heurter encore une *idée reçue* : est-ce raison,
est-ce témérité chez nous? Le public en jugera.
Tout ce que nous nous permettrons de lui demander,
avant de poursuivre notre travail, c'est qu'il nous
lise sans prévention et qu'il ne nous juge qu'en
connaissance de cause.

Il est convenu aujourd'hui, car les philanthropes
l'ont exigé, que les exécutions à mort n'auront lieu
que vers le crépuscule du matin, à l'improviste,
dans le quartier le moins fréquenté de la capitale,
et en l'absence, s'il était possible, de tout specta-
teur. On a prétendu qu'il était dangereux et même
immoral de familiariser le peuple avec la vue du
sang; que l'on introduit ainsi la férocité dans les

mœurs ; que, si le crime se montre audacieux en montant à l'échafaud, la peine, loin d'effrayer, devient presque une pompe théâtrale dont chaque scélérat est le héros ; qu'alors la justice du pays n'est plus qu'une dérision ; que, dans le cas contraire, la compassion publique venant à plaider en faveur du supplicié, il en résulte un intérêt qui ne doit jamais s'attacher à l'infraction des lois : nous n'en croyons rien, et c'est à tout cela que nous allons répondre.

Les exécutions à mort, telles qu'elles se pratiquent aujourd'hui, seraient peut-être sujettes à quelques inconvénients ; encore pensons-nous que ceux-ci sont plus nombreux dans les exécutions soustraites à la lumière du jour comme aux regards du public. Cela ressemble un peu trop à la justice du pont des Soupirs à Venise, au cordon des muets de Constantinople, ou aux sentences de Louis XI prononcées dans le château du Plessis-lez-Tours ; autant vaudraient les oubliettes de Ruel et les coups de faux du cardinal de Richelieu (1). Aujourd'hui vous trouvez convenable ce mode clandestin de châtiment : vienne demain un sabre qui, après vous avoir conquis au milieu de vos désordres, se délivre de ses ennemis par cette voie aussi obscure qu'expéditive, qu'en penserez-vous ? Vous objectez que c'était au grand jour que les plus vertueuses têtes de la France tombaient sous le fer,

(1) « Je n'ose rien entreprendre sans y avoir bien pensé, di-
« sait-il ; mais quand une fois j'ai pris ma résolution, je vais à
« mon but. Je renverse tout, *je fauche tout*, et ensuite je couvre
« tout de ma soutane rouge. »

pendant le régime de la terreur, sans que le peuple
se lassât de cette boucherie; sur quoi nous répli-
querons très-justement que, par un tel spectacle,
Robespierre avait frappé le pays d'une épouvante
qui perpétuait son odieux pouvoir. Pourquoi le
juste pouvoir de la loi ne se ferait-il pas craindre
aussi, mais dans une mesure convenable et en s'a-
dressant à ceux qui se préparent à l'enfreindre? Du
reste, le silence, pusillanime ou non, de 1793
avait d'autres causes qui ne touchent pas à notre
sujet, et que, par conséquent, nous ne soumettrons
pas à notre examen. Nous rappellerons seulement
une seconde fois à la mémoire du lecteur, que depuis longtemps Paris n'avait vu que très-peu de
jugements criminels suivis de mort, lorsqu'en 1832
une populace furieuse déchira de ses propres mains
d'innocentes créatures.

Frappez vos grands criminels de la peine capitale en face du peuple; autrement NE TUEZ PAS,
car vous commettriez une cruauté inutile, dont
rien ne pourrait vous justifier aux yeux de Dieu et
des hommes! Est-ce pour faire souffrir le patient,
est-ce pour le livrer à l'agonie d'un long supplice, que
vous mettez fin à son existence? non! Eh! qu'importe
à la société qu'un misérable de plus ou de moins
roule des pensées criminelles au fond d'un bagne?
très-peu assurément! Mais vous voulez attaquer
les esprits, vous voulez les enlever à une pente
funeste; et la peine, infligée sous les yeux des
complices du crime ou de ceux qui seraient tentés
d'entrer dans la même voie, est éminemment propre à produire cet effet.

Si le coupable est endurci à tel point qu'il marche vers l'échafaud avec une assurance théâtrale, soyez-en persuadé, quoi qu'on vous dise, il inspirera de l'horreur. Ses blasphèmes feront frémir; la foule en rapportera des souvenirs d'effroi. Quelques cœurs corrompus pourront bien y prendre un accroissement de haine contre la société; soit! mais ceux-là ne seront jamais à vous; votre système pénitentiaire y blanchirait. Si, au contraire, le condamné a donné des preuves de repentir, comme il arrive le plus souvent, l'émotion conduira le peuple à la pitié, mais à une pitié religieuse. Nous avons lu, il y a plusieurs mois, dans un journal quotidien, qu'un criminel, en montant à l'échafaud, s'exprima d'une manière très-convenable sur sa vie passée, en présence des assistants, et engagea, d'une voix suppliante, la foule dont il était entouré à implorer pour lui la miséricorde divine. En même temps qu'il se jeta à genoux pour cette suprême et dernière prière, dix mille créatures humaines se prosternèrent également. Cette immense supplication n'aura été perdue ni pour le patient ni pour la morale publique. En s'élevant vers le ciel, non-seulement elle aura amolli la colère de notre grand juge, elle aura encore laissé des traces profondes dans les esprits; et certes, cette satisfaction solennelle donnée à la loi vaut bien un supplice improvisé, sans témoins, à la barrière Saint-Jacques!

Qu'un homme, dans toute la puissance de sa raison, dans toute l'énergie de ses organes, voie trancher le fil de ses jours sans qu'il puisse dispu-

ter sa vie au fer prêt à tomber sur sa tête; que
cette scène de tragédie, s'il en fût jamais, s'accom-
plisse sous les yeux et dans le silence d'autres
hommes avec lesquels, pendant des années, il a
vécu en communauté de mœurs, d'habitudes, de
religion et de patrie, à coup sûr il y a là matière
à réflexion. Cet épisode ne doit prendre place dans
les fastes d'une nation qu'avec une teinte sombre,
nous dirons presque de fatalité, à moins qu'il n'en
sorte pour elle un grand enseignement. Aussi, nous
souhaiterions qu'un appareil lugubre signalât le
jour d'une exécution à mort; qu'un drapeau noir
fût suspendu à la porte de la maison habitée par
le coupable, ou de la fenêtre dont il a respiré l'air;
que deux commissaires de police, vêtus de la même
couleur, solennisassent la marche du cortége vers
l'échafaud couvert de tentures de deuil, et que la
force publique fût présente avec le crêpe funèbre
sur l'arme à feu renversée. Quoi! vous avez une
religion pleine de poésie, abondante en sentiments
tendres et en maximes sévères, riche de menaces
et de pardons, et vous ne savez pas en tirer parti!
Un ministre de l'Évangile, dans le trajet, fortifie
l'âme du condamné; il prie avec lui, il pleure même
avec lui : c'est bien! mais pourquoi le glas plaintif
ne sonnerait-il pas pendant que le peuple s'écoule?
Pourquoi le portail du temple le plus voisin ne
serait-il pas drapé comme dans un jour de funé-
railles? Si le condamné s'est montré repentant,
même dans le cas contraire, nous ne voyons pas
pourquoi un prêtre vénérable ne paraîtrait pas à
l'autel pour y offrir le sacrifice de propitiation selon

le rite des morts. Puisque l'événement qui se passe
a les caractères d'un malheur public, ne convient-
il pas de se tourner vers le Tout-Puissant et d'es-
sayer au moins de fléchir sa justice, justice qui
pardonne quand celle de l'homme est forcée quelquefois de rester implacable?

Tout cela fixerait l'attention, tout cela se dessi-
nerait en traits de feu dans le cerveau des adoles-
cents, on en parlerait dans les veillées de l'hiver,
et la prière du soir percerait les toits de chaume
pour monter vers le ciel, accompagnée de bonnes
résolutions. Je l'entends: cette pompe fatale, ce trajet
semé d'avis non moins sinistres, feraient trop souffrir le condamné; cet appareil mettrait surtout en
crispation les nerfs des femmes élégantes qui vou-
draient assister à ce spectacle. Eh bien, qu'elles res-
tent chez elles ou qu'elles ferment leurs croisées!
Mais leur sensibilité est d'une constitution plus ro-
buste qu'on ne le suppose, nos cours d'assises en
font foi. Quant au criminel, ne doit-il pas une expiation à Dieu et aux hommes? Qui sait si celle-ci
ne lui sera pas salutaire et ne le conduira pas,
avant sa fin, à l'efficacité d'une peine morale dont
la clémence céleste est prête à tenir compte? Ah!
ne craignez rien de plus pour lui, si le remords n'a
pas touché son cœur! En admettant une autre
supposition, vous l'aurez servi, vous lui aurez donné
une occasion de se recommander à la miséricorde
de son Dieu. Tout croyant nous comprendra...

Nous en sommes à chaque instant témoins, le
peuple court après les émotions, il en veut à tout
prix, il va les chercher au théâtre, il aime les dé-

noûments dramatiques, il les lui faut terribles pour qu'ils lui plaisent, et encore l'écrivain ne les dispose pas toujours selon le vœu de l'éternelle justice. Ici le spectacle aura au moins sa moralité. Telle vie, telle fin! De prétendus philosophes feront peut-être entendre quelques sarcasmes : car est-il rien de si sacré au monde qui n'ait été un objet de sarcasmes? Mais ne vous en alarmez pas : il se passe ici, en effet, sur une scène où chaque personnage a sa réalité, quelque chose de bien supérieur à toute moquerie humaine. Il ne s'agit rien moins que d'un être semblable à nous, pétri de la même argile, et qui va, plein de force, franchir le seuil de la vie présente pour entrer dans un avenir, dont aucun œil mortel n'a pu sonder la profondeur. Le dernier soupir du juste est doux pour lui et consolant pour ses amis qui savent où il va; le dernier soupir du méchant, s'il n'a voulu entrer en réconciliation avec le ciel, sera toujours plein d'angoisses pour lui et d'effroi pour les spectateurs. En vain s'efforcera-t-il de parader devant eux; en vain le blasphème sera sur ses lèvres; son rire est faux, son blasphème est menteur. Chacun le sait, tout intérêt expire avec le patient sous le couteau qui tombe : car braver Dieu sera toujours un pauvre moyen d'avoir pour soi les hommes.

§ IX.

Nous allons nous résumer :

1° La réhabilitation civile des libérés ou graciés, condamnés à des peines infamantes, dans l'état de

107

notre législation, est aujourd'hui presque impossible. Les parquets eux-mêmes l'ont reconnu. En faciliter les moyens, ce serait compromettre ce qui nous reste de moralité après tant de convulsions intestines où le droit a passé d'un camp à l'autre, et où les notions du juste et de l'injuste ont reçu de notables atteintes. Dans un intérêt public de mœurs comme dans l'intérêt privé des condamnés eux-mêmes, nous estimons que le chapitre 4 du titre VII doit être totalement effacé du Code d'instruction criminelle. D'ailleurs, l'exécution en est impraticable. Vainement la loi l'autorise, vainement le magistrat l'ordonnerait, les faits, aussi bien que les hommes, donneraient à tous deux un démenti, et il est toujours dangereux de laisser la législation d'un pays entrer dans une lutte, à coup sûr, suivie pour elle d'une défaite.

2° Cette réhabilitation, dégagée de son fatras de philosophisme, renferme pourtant en germe une belle pensée de morale et de religion. Il nous en coûterait trop d'y renoncer, si une logique rigoureuse ne nous avait appris que le sol témoin du crime n'est pas celui où elle doit être réalisée. Le condamné est-il susceptible d'un retour à la vertu? le ciel a-t-il touché son cœur? C'est sur une terre étrangère qu'il retrouvera, non l'innocence, à laquelle il a malheureusement renoncé, mais le repentir avec une vie occupée, et une seconde patrie avec un bonheur domestique. Toute autre chose tentée en France ne sera jamais qu'une illusion ou une jonglerie. Aussi, nous adjurons le gouvernement de notre pays, et, en particulier, chacun des trois pouvoirs dont il se compose, ne fût-ce que par humanité, d'aviser, le plus promptement possible, à une fondation en dehors du continent, et où l'homme corrompu puisse, en secouant ses souillures, rentrer dans quelque estime de soi et de ses pareils. Cayenne est le local que nous désignons.

« Infortunés, qui avez encouru la plus grande peine que la société inflige quand elle ne tue pas, s'il est parmi vous quelqu'un sous les yeux duquel le hasard place ces lignes, nous osons espérer qu'il ne calomniera pas l'intention dans laquelle nous les avons tracées! Nous savons qu'il a pu être entraîné au crime par des circonstances, faites pour triompher d'une force humaine à laquelle manque l'appui de la religion; nous savons que d'autres, victimes d'un enseignement funeste, n'ont pu résister à la séduction des jouissances étalées imprudemment sous leurs regards, et jetées, pour ainsi dire, sur leurs pas comme une amorce perfide. Dieu nous est témoin que nous les plaignons du fond de notre âme; de plus coupables auraient encore droit à notre commisération. C'est parce que nous avons pris en pitié votre destinée que, voulant aussi épargner de nouveaux attentats à une société déjà bien malade, nous avons montré, selon nos faibles moyens, que vous deviez habiter une autre terre, et y transporter vos pénates humiliés. Vous ne nous en voudrez pas! votre conscience vous dira que ce que nous vous enlevons, si nous vous enlevons quelque chose, est bien au-dessous de ce que nous essayons de vous rendre. Nous avons découvert une grande plaie sociale qui est aussi la vôtre; le gouvernement est averti. Sur ce sujet, nous n'avons plus rien à dire. »

3° Parler de la suppression de la peine de mort, sans avoir restitué quelque force aux mœurs, à la pensée religieuse, à l'autorité paternelle, à l'esprit de famille, au respect des lois et au sentiment du devoir, c'est non-seulement battre l'air de vains discours, c'est encore donner un encouragement aux mauvaises passions et promettre l'impunité au crime. Celui-ci est prêt à vous déborder de toutes parts; comment voudriez-vous pactiser avec lui? Considérez un peu l'état de la société : vous avez atténué les notions de l'honneur au profit de la richesse la plus honteuse; vous avez mis Dieu en dehors de la science; vous avez rendu l'homme méchant, d'inoffensif que la nature l'avait fait; vous avez excité son envie par le spectacle de fortunes trop subitement acquises, sa cupidité par celui d'un bonheur sensuel vers lequel vous avez dirigé tous ses appétits, sa haine par les privations que, dans l'absence d'un travail honnête dont il a perdu le goût, il est forcé de s'imposer! Le crime a reçu de vous toute son énergie; il ne vous craint plus : il n'est devant lui qu'une seule barrière qui n'ait pas été encore renversée, c'est celle de l'échafaud. Ne l'abattez pas, car le temps n'en est pas venu! Les scélérats de profession ont beau dire, on a beau dire pour eux; c'est encore la seule chose qu'ils redoutent, le seul frein qui leur reste. Mais n'en abusez pas, et que le supplice soit imposant dans son appareil, effrayant par sa publicité, pour devenir rare dans son application!

Ainsi, le vœu formé par les honnêtes gens de tous les pays, pour la suppression de la peine capitale, ne saurait être écouté aujourd'hui, sans qu'on mît en péril ce qui nous reste d'ordre social. Une philanthropie peu éclairée et passablement jactancieuse a fait tout ce qui dépendait d'elle pour en reculer l'accomplissement, nous achèverons de le prouver tout à l'heure. Notre opinion sera sans doute accueillie par des murmures; elle rencontrera probablement des contradicteurs : nous ne sommes pas assez nouveaux dans les choses de la vie pour ne point nous y attendre. Aux uns nous opposerons un silence résigné; aux autres, une réponse, si leurs objections sont sérieuses.

4° Un dernier rappel d'idées nous est commandé par notre sujet. Si nous ne nous trompons, c'est le plus important de tous. La destinée du pays y est tout entière, et puisque le présent ne nous appartient plus, essayons au moins de sauver l'avenir, fût-ce pour d'autres que pour nous.

Le système actuel d'éducation est surabondant quant aux masses, et défectueux quant aux élèves auxquels on prodigue l'éducation lettrée. Hélas! l'expérience a éclairé cette vérité d'un jour sombre, mais auquel il faut bien se rendre. Il est démontré par les registres d'écrous et les verdicts des cours d'assises, que dans le cours de dix des dernières années écoulées, c'est-à-dire, depuis 1828 jusqu'à 1838, presque tous les grands crimes qui affligent la société française, proportion gardée avec la classe ignorante ou peu instruite, ont été commis par des individus admis à un degré d'instruction supérieure. Le nombre des accusés lettrés (1) appelés devant les tribunaux est d'autant plus grand, que les attentats commis contre les personnes sont plus graves. Dans cette période décennale, leurs méfaits atteignent le chiffre effrayant de 330; et dans cette fatale liste figurent, commis par eux, 33 meurtres, 35 assassinats, 36 empoisonnements, 26 cas de blessures causées à des ascendants paternels ou maternels, 47 parricides, 91 viols ou attentats à la pudeur sur des enfants, 7 infanticides, auxquels il faut ajouter 55 actes d'à peu près même nature, imputés par jugements à des lettrés, libérés des travaux forcés ou de la réclusion.

Ce relevé est extrait du savant mémoire de M. Fayet, professeur de mathématiques au collége de Colmar, dont le travail remarquable a été communiqué à l'Académie des sciences morales et politiques, dans la séance du 26 septembre de l'année 1840 (2). Nous jetons un voile sur ce qui s'est passé depuis 1838!

Qu'y a-t-il à conclure de cette terrible découverte? que l'instruction donnée en France ne prévient pas les crimes, qu'elle est généralement mauvaise, ou plutôt (car il nous importe ici de ne laisser aucune ambiguïté) qu'elle n'est pas accompagnée d'un enseignement moral propre à contre-balancer avec succès l'exigence des appétits sensuels, toujours développés par l'instruction elle-

(1) Par cette dénomination, on n'a en vue ici que les individus qui ont reçu une éducation lettrée, autrement dite, de collége ou de haut enseignement.

(2) Voyez le compte rendu très-fidèlement de la séance, par M. Vergé, dans le Moniteur du 9 octobre 1840.

même, quelle qu'en soit la nature. Il est certain que
l'éducation lettrée, qui comprend aussi bien les
sciences exactes que les beaux-arts, ouvre de vastes
perspectives devant les élèves admis à la suivre.
Leur horizon s'agrandit, leur intelligence sans
cesse le recule; sans cesse aussi elle se demande la
raison de l'inégalité des répartitions sociales. Cependant vous avez créé chez ce jeune homme, souvent d'une fortune très-modeste, des besoins qui
vont tourmenter son existence, parce que, d'une
part, il ne pourra les assouvir, et que, de l'autre,
vous n'aurez pas imprégné votre doctrine de ce
noble et religieux sentiment du devoir qui seul
pouvait, chez lui, neutraliser le réveil des passions.
Ainsi sa force réagira contre lui ou contre vous.
Sa science acquise devait être un but positif, elle ne
sera plus qu'un moyen de parvenir à ce qu'on lui
refuse. En lui donnant l'instruction, vous ne lui
avez pas donné la richesse; mais vous lui en avez
inoculé tous les goûts, d'autant plus violents qu'ils
ne sont pas encore blasés. Dans vos leçons de droit
civil, de droit administratif ou de jurisprudence
criminelle, je suppose que vous ayez parlé des sacrifices imposés à tous les sujets d'une monarchie
bien gouvernée : il a manqué à vos discours la
sanction dans laquelle, seule, la turbulence de ses
désirs aurait trouvé un frein. Cet élève n'est donc
plus à vous, il vous a échappé. Laissez quelques
années, quelques mois s'écouler, et soyez certain
que vous le trouverez parmi vos ennemis!

M. Rossi, professeur de droit public, M. Passy,
académicien comme lui, et M. Portalis, qui l'est

également, tous trois membres du parlement de France, ont essayé de détourner les conclusions que le travail consciencieux de M. Fayet présente naturellement à l'esprit. Ils se sont vainement débattus sous le poids de l'accablante vérité. Les faits et les chiffres sont là; ils marchent de front avec nos progrès matériels, dont on fait tant de bruit, et ils sont inexorables, en même temps qu'ils donnent un démenti formel à un accroissement prétendu de moralité. Non, que nous ayons la témérité de soutenir qu'un cours de droit, d'astronomie, de médecine ou de chimie, puisse dépraver l'espèce humaine; à Dieu ne plaise qu'une centième copie du discours, qui conduisit J. J. Rousseau à une renommée justifiée par ses écrits postérieurs, sorte aujourd'hui de notre plume! Nous nous bornons à dire que ce n'est pas assez que d'appeler la jeunesse à des exercices scientifiques; qu'il faut prévoir l'usage qu'elle fera de vos leçons, ce qu'elle deviendra en sortant de vos salles d'enseignement, et, en définitive, quelles ressources elle trouvera, soit dans son travail, soit auprès du foyer paternel, pour exister dans la sphère nouvelle où vous l'aurez lancée. Dans le cas, très-ordinaire, d'insuffisance de celles-ci, il conviendrait au moins d'armer les élèves d'une morale puisée ailleurs que dans le droit civil, contre des penchants dont on aura fortifié le germe. Et encore, avec toutes ces précautions, l'expérience vers laquelle on pousse la société à tour de bras, en prodiguant l'éducation lettrée à des nécessiteux par une extension irréfléchie du système de bourses, ne laissera pas d'être

8

riche en périls, puisque, par elle, on tente Dieu et les hommes.

Le 1er décembre 1840.

Cet écrit n'a point été tracé sous la préoccupation des crimes qui ont effrayé la capitale le 15 octobre 1840 et le 13 septembre 1841. Ils eussent fourni de trop déplorables arguments à la thèse que nous venons de soutenir. Peut-être nous eussent-ils conduit à substituer des sentiments profondément blessés à des raisons, et des récriminations à de justes reproches. Alors notre but n'eût pas été atteint; car nous avons voulu convaincre et non passionner. Hélas! n'est-ce pas ce tort que l'on serait en droit d'imputer aux écrivains, dont les colonnes, de l'aveu des coupables eux-mêmes, ont armé le bras de deux misérables ouvriers contre les jours d'une famille si nécessaire à la France, que, dans la tombe où un de ses membres descendrait violemment, chacun verrait un abîme creusé pour la patrie? Nous nous félicitons d'avoir pu traiter notre sujet avec âme et courage, mais aussi avec toute la modération qu'il comportait. Nous avons parlé d'hommes qui ont grandement affligé notre ordre social, et au meilleur sort desquels nous avons cependant voulu pourvoir. Nous n'avons point foulé aux pieds le roseau renversé par l'orage, ni la mèche qui fume encore; mais nous avons signalé des périls qui ne peuvent que s'accroître et des maux auxquels l'autorité doit un remède. Elle a, nous en convenons, à s'acquitter d'une tâche devenue difficile au milieu

de tant de désirs mis hors des gonds. Les outres
d'Éole ont été percées : où est la main qui y fera rentrer les tempêtes? Peut-être celle de Dieu seul! Mais
alors sa justice ne sera-t-elle pas sévère pour tous?...

Au moment où nous traçons ces dernières lignes, nous entendons
circuler, autour de nous, quelques paroles de mécontentement
sur la marche du pouvoir. Dans celles-ci, certes, il faut faire sa
part à l'action incessante de plusieurs journaux qui, chaque matin, battent en brèche une autorité, dont ils se sont constitués
patemment les ennemis. Leurs critiques, non moins adroites
qu'amères, reçoivent des réponses souvent péremptoires, mais
qui ne parviennent jamais aux mêmes lecteurs. A notre avis,
c'est un essai bien audacieux que celui auquel se livre le gouvernement de juillet, lorsqu'il laisse se dresser à ses côtés des
tribunes où l'on nie jusqu'à la légalité de son existence.

Nous ne saurions nous dissimuler que quelques autres plaintes
ne sont pas tout à fait dépourvues de fondement. Elles concer-
nent la faveur accordée à des hommes ignorés et sans titres,
promus à des emplois publics. A qui la faute, nous le demandons, si ce n'est aux renouvellements perpétuels des ministères ?

Ce serait, en effet, une prétention vaine et illusoire que de
s'imaginer que, quand on se donne un régime constitutionnel,
on change pour cela la nature humaine. A l'exception de quelques âmes fortement trempées, on n'empêchera jamais qu'un
homme, entrant dans les hauts emplois de l'État, ne jette ses
regards autour de lui et ne les arrête par préférence sur ses amis,
ses parents, ses protégés et surtout sur ses protecteurs électo-
raux. Il n'y a qu'un remède à ce mal inévitable : c'est que les
ministères ne se succèdent pas trop rapidement l'un à l'autre;
car, avec une administration de quelque durée, qui a rempli ce
qu'elle nomme ses engagements, il faudra bien que les sujets
méritants finissent par trouver place; et un ordre régulier
s'établira de lui-même.

Par exemple, ne serait-il pas convenable qu'en principe général, les préfets fussent choisis parmi les sous-préfets connus

par de bons et longs services, et les maîtres des requêtes attachés aux travaux du conseil d'État? ces derniers, parmi les auditeurs et les chefs de divisions des ministères? les receveurs généraux, parmi les agents irréprochables du trésor et les receveurs particuliers? ceux-ci, parmi les percepteurs communaux? nous en dirions autant de l'ordre judiciaire. Alors cesseraient les murmures; alors aussi vous auriez créé une véritable émulation; tandis qu'aujourd'hui, le pouvoir ne voit circuler à ses côtés que l'intrigue, l'envie et souvent de bien tristes médiocrités.

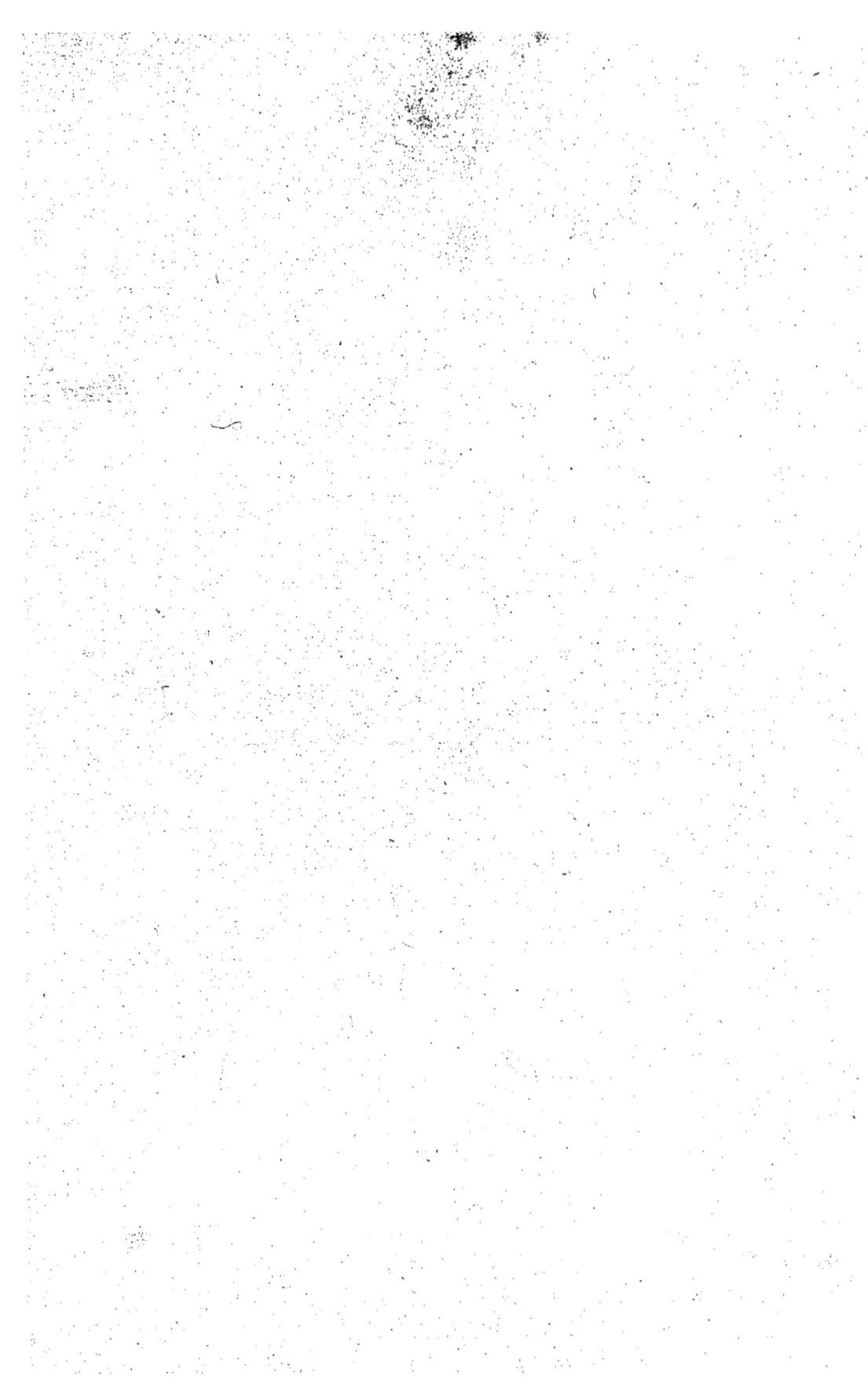

www.ingramcontent.com/pod-product-compliance
Lightning Source LLC
Chambersburg PA
CBHW052033270326
41931CB00012B/2469